Tobi

Lese-Sprach-Buch 2

Erarbeitet von
Katja Eder
Silke Fokken
Astrid Lorenz
Petra Rahe
und der Cornelsen Redaktion Primarstufe

Die Tobi-Bilder basieren
auf Ideen und Geschichten
von Wilfried Metze.

Unter Beratung von
Christine Kaiser

Cornelsen

Sprache untersuchen und **Richtig schreiben** mit Alo

Lesen mit Mama

Texte verfassen mit Ela

Das kann ich schon mit der Eule

Inhalt

In der Klasse

1 Seht euch das Bild an.
Was machen die Kinder?
Sprecht darüber.

Regeln in unserer Klasse

1. Wer etwas sagen will, meldet sich.
2. Es spricht immer nur einer.
3. Wenn einer spricht, hören wir zu.
4. Wir lassen andere ausreden.
5. Wer etwas leihen möchte, fragt vorher.

(1) In einer Klasse ist manchmal viel los. Warum sind Regeln dort wichtig?

(2) Findet weitere Regeln für eure Klasse.

(3) Gestaltet gemeinsam ein Plakat mit euren Klassenregeln.

Für Kummer und Wünsche könnt ihr in der Klasse einen Briefkasten aufhängen.

Essen

1. Welche Speisen nehmen die Tobis mit auf die Reise?
2. Betrachte genau, was die Tobis einpacken:
   Was kann man nicht essen?
3. Welches Essen würdest du für eine Reise einpacken?

Das ABC

A B C D E F G
Elche fressen nicht nur Klee.

H I J K L
Elche rennen schnell.

M N O P Q
Elche brüllen Muh.

R S T U V
Elche sind sehr schlau.

W X Y und Z
Meistens sind die Elche nett.

1. Lies das Gedicht leise.
2. Suche dir ein anderes Kind. Lest das Gedicht abwechselnd:
   Einer spricht die Buchstaben, der andere die Sätze.
   Dann wird getauscht.

Buchstaben finden

C _ E T _ V A _ C H _ J R _ T S _ U

R _ T N _ P F _ H T _ V S _ U .

3. Hier fehlen Buchstaben. Schreibe diese nebeneinander auf einen Zettel.
   Sage die Lösung einem anderen Kind ins Ohr.
4. Bilde auch solche Rätsel.

Buchstaben und Laute

Kobold Lulu isst gerne.
Er hat oft den Mund voll
und spricht seltsam:

(1) Lies den Satz einem anderen Kind vor.
Kannst du verstehen, was Lulu sagt?

(2) Verwandle Lulus Satz.
Benutze nacheinander das **a**, das **e**, das **i** und das **o**.

Die Buchstaben **A E I O U** heißen **Selbstlaute**.
Sie klingen nur selbst.
Beim **A** hört man nur a, beim **E** nur e.

Alle anderen Buchstaben heißen **Mitlaute**.
Bei ihnen klingen
noch andere Laute mit.

Nanu, hier fehlt doch was!
Der Selbstlaut-Fresser
hat am Zettel
genagt.

(3) Schreibe die Lebensmittel in dein Heft.

(4) Hier ist ein Satz, den du auch verwandeln kannst:
Das Brat ast sahr lackar.

Ordnen nach dem ABC

Wörter kann man nach dem 1. Buchstaben ordnen.

Kartoffel   Butter   Torte   Pilz   Fisch

Ela sortiert diese 5 Wörter
nach dem 1. Buchstaben so:

A **B** C D E **F** G H I J **K** L M N O **P** Q R S **T** U V W X Y Z

Butter   **F**isch   **K**artoffel   **P**ilz   **T**orte

Papa soll Proviant
für die Reise
zum Schmied Regis
in Körbe packen.

1 Sortiere die Wörter auf den 2 Zetteln nach dem ABC. Schreibe sie auf.

Nanu! Kann Papa nicht lesen?
Was hat er da eingepackt?

2 Schreibe die Wörter für das Obst auf Zettel. Sortiere sie nach dem ABC.

3 In der Wörterliste sind die Wörter nach dem ABC sortiert.
Welche Lebensmittel findest du bei den Buchstaben **A** und **B**?
A: Apfel, …

alphabetische Ordnung kennen lernen und Umgang mit der Wörterliste üben
• AH: Richtig schreiben, Seite 5

Richtig abschreiben

Speisekarte

Vorspeisen

Tomatensalat
Knallerbsensuppe
Melone mit Schinken

Hauptgerichte

Wiener Schnitzel mit Pommes frites
Würstchen mit Kartoffelsalat
Klebebandnudeln mit Tomatensalat

Nachspeisen

Pferdeapfelkompott
Eis mit heißen Himbeeren
Schokoladenpudding mit Vanillesoße

1. Welche Speisen gibt es in keinem Restaurant?
2. Was würdest du gerne essen?
   Wähle eine Vorspeise, ein Hauptgericht und einen Nachtisch aus.

Quarkspeise

Der Tobi-Papa hat ein Lieblingsgericht: Quarkspeise.

Das sind die Zutaten:

500 g Quark
2 Esslöffel Sahne
2 Bananen
1 Apfel
1 Birne
2 Esslöffel Honig

Und so machst du die Speise aus Quark:

1. Du verrührst den Quark mit der Sahne und dem Honig.
2. Du schneidest die Bananen, den Apfel und die Birne in kleine Stücke.
3. Zum Schluss rührst du die Obststücke unter den Quark.

Fertig ist die Tobi-Papa-Quarkspeise.
Guten Appetit.

M nebatshcuß neD

Das Wunsch-Restaurant

Die vier Herren waren die einzigen Gäste des Restaurants.
„Na gut", sagte der Breite. „Die Speisekarte bitte."
„Bei uns gibt es keine Speisekarte", sagte der Kellner.
„Ich empfehle Ihnen das Tagesgericht."
„Und was gibt es sonst noch?",
fragte der Kurze.
„Nichts weiter, mein Herr.
Aber ich garantiere Ihnen,
Sie werden zufrieden sein."

Der Kellner verbeugte sich
und verschwand in der Küche.
Er tauchte wieder auf und stellte
vier kleine Schüsseln auf den Tisch.

„Was ist das denn?", fragte der Breite.
„Sieht aus wie Grießbrei."
Der Schmale rümpfte die Nase:
„Wir hätten eben doch in
eine Pizzeria gehen sollen."

Der Kurze tauchte seinen Löffel
in den Brei und kostete.
„Das schmeckt wie … paniertes Schnitzel.
Erstaunlich, höchst erstaunlich!"

Jetzt kosteten die anderen auch,
und ein allgemeines Entzücken
machte sich breit.

„Meins schmeckt wie
Schokoladenpudding“,
rief der Lange begeistert.
„Und meins wie Pflaumenkuchen“,
ergänzte der Breite.

Der Schmale sagte nichts.
Die anderen hörten auf zu essen
und sahen ihn erwartungsvoll an.

„Na, und du?“, fragte der Kurze.
Der Schmale schmunzelte:
„Ich glaube, ich habe noch nie
eine bessere Pizza gegessen.“

Am nächsten Tag wollten
die vier Freunde wieder
in das Restaurant gehen,
doch es war nicht mehr da.
Sie suchten in der ganzen Stadt.
Aber sie fanden das
Wunsch-Restaurant nie wieder.

Hubert Schirneck

1 Warum gibt es im Wunsch-Restaurant keine Speisekarte?

2 Stelle dir vor, du löffelst den Brei.
Welches Gericht schmeckst du?

Trauriger Tiger toastet Tomaten

Dem
Gurkenfreund
Gerd Gumpisch gehört
ein grüner Goldfisch.
Gelegentlich
gerät der Fisch
ins
Gurkengemisch
auf dem Gartentisch.

Nadia Budde

1. Suche dir ein Buchstaben-Gedicht aus.
Übe, es laut vorzulesen.

Zungenbrecher

Kobold Karsten knabbert knusprige Käfer.

1. Sammle mindestens fünf Wörter, die mit demselben Buchstaben beginnen, zum Beispiel B-Wörter, L-Wörter, R-Wörter.

2. Erfinde auch solche Sätze und schreibe sie auf. Benutze dazu deine eigenen Wörter oder die Wörter auf dem Zettel. Male ein Bild zu deinem Satz. Schreibe deinen Satz auf das Bild.

Salami • Susi • Sahne • Sonne • suchen
singen • sehen • sehr • süß • sauber

Nora • Nilpferd • Nuss • November • niesen
naschen • nuckeln • nur • neu • neun • nie

Manuela • Martin • Marmelade • mampfen
matschen • machen • munter • mehr • mit

Tobi-Tipp: Ideen sammeln mit dem Wörterbuch

Du kannst Wörter für deinen Zungenbrecher im Wörterbuch finden.
Lies alle Wörter, die mit demselben Buchstaben beginnen.
Überlege, welche Wörter du für einen lustigen Satz benutzen kannst.
Schreibe die Wörter ab.
Schreibe deinen lustigen Satz auf.

Schoko-Apfelringe

Das sind die Zutaten:
1 Apfel
150 Gramm Schokoladenkuvertüre
Zitronensaft

So machst du die Schoko-Apfelringe:

- den Apfel schälen und das Kerngehäuse herausschneiden
- die Apfelringe auf ein Gitter legen und mit Zitronensaft bestreichen
- den Apfel in 1 cm dicke Scheiben schneiden
- die Apfelringe im Backofen bei 80 Grad eine Stunde trocknen lassen
- die Apfelringe mit Schokolade bestreichen und trocknen lassen
- die Schokolade im Wasserbad schmelzen

1. Das Rezept ist durcheinandergeraten. Überlege, was man nacheinander tun muss.
2. Schreibe das Rezept in der richtigen Reihenfolge auf.

Tobi-Tipp: Satzanfänge

Benutze unterschiedliche Satzanfänge, zum Beispiel:

Zuerst …	Danach …
Nun …	Als Nächstes …
Dann …	Zuletzt …

Im Supermarkt

Sebastian und Lina wollen einkaufen.

1. Schreibe das ABC untereinander. Sortiere die Lebensmittel aus dem Supermarkt nach dem ABC. Schreibe sie auf. Zu welchen Buchstaben gibt es keine Lebensmittel?

2. Sebastian und Lina wollen Obstsalat machen. Was werden sie wohl einkaufen? Schreibe es auf.

Spuk

1. Was könnte in der Kiste sein?
   Schreibe es auf.
   Sammelt eure Wörter in der Klasse.

2. Erfindet gemeinsam eine gruselige Geschichte
   zu einer geheimnisvollen Kiste.
   Ihr könnt dabei eure Wörter verwenden.

Nomen

Nomen sind Namen für Menschen, Tiere, Pflanzen und Dinge.
Nomen werden **großgeschrieben**.

Mensch: Ritter Tier: Rabe Pflanze: Gras Ding: Besen

1. Im Bild sind viele Nomen versteckt.
Sammle die Nomen mit einem anderen Kind und schreibe sie auf.
Wie viele habt ihr gefunden?

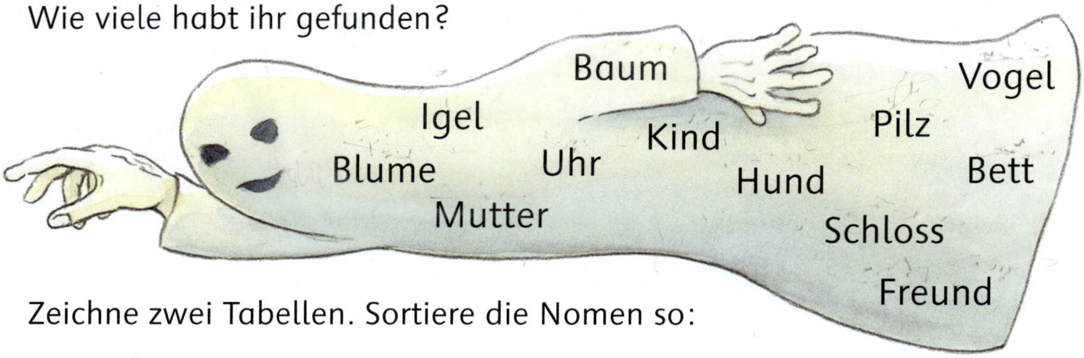

2. Zeichne zwei Tabellen. Sortiere die Nomen so:

Menschen	Dinge
Kind	...

Planzen	Tiere
...	...

3. Suche zehn Gegenstände in deinem Zimmer. Was findest du alles?
Schreibe die Nomen für die Gegenstände auf: Ball, ...

Nomen kennen lernen und nach Kategorien ordnen, Großschreibung der Nomen beachten
• AH: Sprache untersuchen, Seite 31

Bestimmte Artikel

Die Begleiter von Nomen nennt man **Artikel**:
der, **die**, **das** sind bestimmte Artikel.

1. Zeichne eine Tabelle. Trage die Nomen in der richtigen Spalte ein.

der	die	das
Besen	...	...

2. Setze die Silben in den Gespenstern zu Nomen zusammen.
Schreibe sie mit ihrem Artikel auf.

3. In der Wörterliste stehen die Nomen mit Artikel.
Suche aus der Liste je 3 Nomen mit der, die, das:
der Apfel, die Sonne, das Kind

Zusammengesetzte Nomen

Man kann aus zwei Nomen ein neues Nomen bauen.

Gift und Spinne: die Giftspinne

Kreuz und Spinne: die Kreuzspinne

1. Schreibe die zehn Nomen auf zehn Karten.
   Baue aus den Nomen fünf zusammengesetzte Nomen.
   Schreibe sie mit dem Artikel auf: der Giftpilz, …

2. Du kannst auch lustige Nomen mit den Karten bauen:
   die Besenspinne, …
   Wie viele findest du?

   Kannst du auch ganz lange Nomen bauen?
   die Giftpilzkiste, …

Regenwolke Feuerstelle Ritterrüstung Gespensterkette
Teekessel Nachteule Waldtroll Schlosshund Schatztruhe

3. Nimm die zusammengesetzten Nomen auseinander.
   Schreibe so: die Regenwolke: Regen, Wolke …

Nomen erkennen

Liebe tobis, (1)
mein sohn sigi reist bald in den nordwald. (3)
Dort leben trolle in einem spukschloss. (2)
Er will einen korb mit pilzen und äpfeln mitnehmen. (3)
Damit möchte er die trolle als freunde gewinnen. (2)
Vielleicht ist aber eine kiste voller gold besser? (2)
Schreibt mir einen brief und schickt ihn
mit dem raben. (2)
Herzliche grüße von regis dem schmied (3)

1. Hinter jedem Satz steht die Anzahl der Nomen.
   Schreibe die 18 Nomen mit Artikel auf: die Tobis, …

Hier ist
die Antwort
der Tobis:

Lieber  ,
der  hat uns den  gebracht.
Gib  einen  voller  mit.
Die Trolle lieben .
Dann passiert im  nichts.
Es grüßen die 

2. Lies diesen Brief. Setze dabei für die Bilder Nomen ein.
   Schreibe den Brief ab und verziere ihn.

3. Du kannst einem anderen Kind auch einen Brief schreiben
   und Bilder für die Nomen malen.

Sätze

Satzanfänge werden **großgeschrieben**.
Am **Ende** eines Satzes steht ein **Punkt**.

A. PapapacktdieFischeineinenSack
ermachtsichaufdenRückwegder
NebelwirdimmerdichterPapasieht
kaumnochetwas

B. plötzlich erschrickt er zwischen
den Bäumen leuchtet etwas auf
Papa fürchtet sich sonst nie vor
Tieren hat er keine Angst

C. Aber das ist kein Tier.
Das schwankende Licht kann nur
ein Geist sein. Vor Geistern aber
hat Tobi-Papa schreckliche Angst.

1. Welcher Text ist am leichtesten zu lesen? Warum?
Welcher Text ist am schwierigsten zu lesen? Warum?

2. Schreibe Text A oder Text B richtig auf.

ichkannschongutschreibenundlesendieSchulemachtoft
SpaßamliebstenmagichSportdieFerienfindeichabernochbesser

3. Schreibe die vier Sätze richtig auf.

Satzgrenzen erkennen, Satzpunkte setzen, Großschreibung am Satzanfang beachten
● AH: Sprache untersuchen, Seite 45

Spuk 

Nomen mit er el en

Viele Nomen haben die Endung er.

 Butt

 Mau

 Feu

 Tell

 Mess

 Fenst

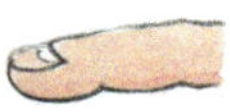 Fing

 Hamm

 Ritt

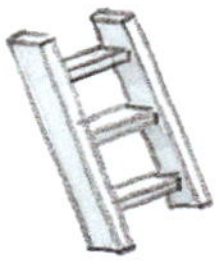 Leit

 Comput

 Hamst

(1) Bilde die Nomen. Schreibe sie mit ihrem Artikel auf.
Male die Endung er an: die Butter, …

Viele Nomen haben die Endung el oder en.

 Apf

 Ig

 Bes

 Gab

 Reg

 Kuch

 Vog

 Satt

 Of

 Es

 Drach

Taf

(2) Bilde die Nomen. Schreibe sie mit ihrem Artikel auf.
Male die Endung el oder en an: der Apfel, …

(3) Finde in der Wörterliste beim Buchstaben **B**
die Wörter mit der Endung en.
Finde in der Wörterliste beim Buchstaben **F**
die Wörter mit der Endung er. Schreibe sie auf.

Fachbegriff „Endung“ kennen, schwer zu hörende Endungen richtig schreiben und markieren
• AH: Richtig schreiben, Seite 7

Drei miese fiese Kerle

Die drei fiesen Kerle schauten vom Turm des Schlosses herab und lachten breit, als sie Konrad unten stehen sahen.

„Komm nur rein, dann werde ich deinen Hals in die Länge ziehen, dass du aussiehst wie eine Giraffe!“, krächzte das wüste Gespenst.

„Komm nur rein!“, zischte der bleiche Nachtmahr. „Dann werde ich dich verdrehen, dass du aussiehst wie ein Korkenzieher!“

„Komm nur rein!“, johlte das dicke Ungeheuer. „Dann werde ich dich mit Haut und Haar verspeisen!“

„Ein Angeber, ein Wichtigtuer und ein Großmaul!", rief Konrad und zeigte auf die drei Fiesen auf dem Turm. Da hättet ihr mal sehen sollen, wie die vor Wut und Ärger mit den Augen rollten und das Gesicht verzogen.

Paul Maar

(1) Wie könnten die Stimmen der drei Fiesen klingen? Lies die Sätze in den Sprechblasen vor.

Gespenster- und Gruselgeschichten

Dann hob sich der Truhendeckel – und langsam, ganz langsam begann das Gespenst, sich unter Ächzen und Stöhnen und Schlüsselrasseln in der Ratstruhe aufzurichten. Dabei blickte es dem Herrn Bürgermeister starr ins Gesicht. „Hu-huuuuuuh!", rief es laut und klagend.

Die Kirchturmglocken schlagen zwölf Mal. Es ist Mitternacht. Karl steht auf und zieht sich seine Pantoffeln an. „Wer poltert nur in meinem Zimmer herum, denkt er und lauscht. „Huuuhuuhuhuhu!", dringt es aus seiner großen Spielzeugkiste.

Mit einem Knall sprang die Backofentür auf. Heraus flog ein knallrotes, widerlich stinkendes Etwas. Die Kleider und Mützen von fünf Köchen zerfielen zu Asche. Die Ärmsten standen in der Unterwäsche da. Wie ein Feuerwerkskörper zischte der flackernde Geist über ihre Köpfe hinweg.

1. Welcher Text gehört zu welchem Buch? Überlegt gemeinsam.

2. Welches der drei Bücher würdest du am liebsten lesen? Begründe deine Meinung.

3. Bringt Bücher, Hörspiele und Filme zum Thema „Spuk" mit. Gestaltet einen Büchertisch.

Gespenster im Mondscheinhotel

„Da!“, rief Alex. „Das Mondscheinhotel!“ Sein Opa lenkte die Pferde durchs Tor. Viele Schilder blinkten und schwebten auf unheimliche Weise zwischen Bäumen umher. Auf einem Schild stand:

„Mondscheinhotel Berühmtes Hotel für Gespenster“.

„Jippiiijeee“, rief Alex. Ringsum blinkten noch andere Schilder.

„Hervorragend“, sagte Opa grinsend. „Das sieht ja wirklich nach Urlaub aus.“ So aufgeregt hatte Alex seinen Großvater bestimmt schon seit hundert Jahren nicht mehr gesehen.

Alex und sein Opa wohnten sonst auf Schloss Heilbutt. Sie waren der Küchenjunge und der Diener des Hauses. Beide waren tot. Und zwar schon seit hundertfünfzig Jahren. Nun hatten die beiden Geister einen Urlaub im Mondscheinhotel gewonnen.

Unter dem Säulenvorbau wartete ein Skelett. „Haben Ssssie Gepäck?", hauchte es. Opa ließ seinen Koffer auf den Kiesweg fallen. „Ja!", sagte er vergnügt und sah zu, wie das Skelett den Koffer nahm und klappernd ins Hotel trug.

Der Junge und sein Großvater folgten ihm. Alex schnappte nach Luft. Er hatte noch nie so viele Gespenster auf einem Haufen gesehen.

Opa trat an die Rezeption. Schon kam ein Gespenst durch die Bürotür. „Willkommen im Mondscheinhotel. Wo bleiche Gesellen blau machen. Huuuuuuuh-haaa", sagte es.

Alex beschloss, das Hotel ein wenig zu erkunden. Er rannte einen Flur entlang. Weiter hinten bemerkte er ein fahles, weißes Licht. Auf Zehenspitzen ging er darauf zu. Vier Gespenster blubberten in Badewannen vor sich hin. Die Wannen waren mit Schleim gefüllt. Schleimbäder!

Richard Hamilton

1. Wie stellst du dir das Hotel vor? Male ein Bild dazu.
2. Überlege dir, was Gespenstern besonders gut gefallen könnte.

Basteltipp: Spukschloss mit Grusellicht

Das brauchst du:
sehr viel Würfelzucker, Puderzucker, Zitronensaft, zwei Teelichter, kleine Löffel, eine Unterlage aus Pappe.

1. Rühre aus Puderzucker und Zitronensaft einen festen Zuckerguss an.
2. Lege auf der Pappe zwei Vierecke aus 20 Zuckerwürfeln. Setze je ein Teelicht hinein.
3. Nun mauerst du mit den anderen Zuckerwürfeln die Türme so hoch, wie du sie haben willst. Mit dem Zuckerguss klebst du die Würfel zusammen – wie mit Mörtel.
4. Wenn alles fertig getrocknet ist, kannst du zwischen die Türme noch eine Mauer bauen.
5. Lass dir von einem Erwachsenen dabei helfen, die Teelichter anzuzünden.

Fertig ist dein Spukschloss.

Treppenwörter

Gespenster
Gespensterschleim
Gespensterschleimbad

Geister
Geisterstunden
Geisterstundenglocken
Geisterstundenglockenschlag

Mond
Mondschein
Mondscheinhotel
Mondscheinhotelzimmer
Mondscheinhotelzimmerspuk

1. Erfinde auch solche Treppenwörter. Schreibe sie auf.
   Die Wörter auf dem Zettel können dir helfen.

2. Schreibe dein Lieblingstreppenwort auf und male dazu.
3. Sprich dein Lieblingstreppenwort so lange vor, bis es schön gruselig klingt.

Gespenst · Kette · Gerassel · Glocke
Kirchturm · Schlag · Geister · Stunde
Nacht · Grusel · Schreck · Spuk · Party
Spaß · Keller · Schloss · Burg

Gespensterparty

Lieber Max,

am 31. Oktober feiere ich eine Gespensterparty.
Dazu lade ich dich herzlich ein.
Komm um 17.00 Uhr in den Park bei der Schule.
Um 20.30 Uhr bringen dich meine Eltern nach Hause.
Bitte verkleide dich gruselig.
Sag mir bitte, ob du kommst.

Deine Lena

1. Was erfährst du auf der Einladung über die Party?
2. Gestalte eine Einladung für eine Geisterwanderung. Die Wörter auf dem Zettel können dir helfen.

warme Sachen • feste Schuhe • Regenjacke
Taschenlampe • Schatzsuche • Gespensterjagd

Tobi-Tipp: Eine Einladung schreiben

Schreibe eine Anrede:

Liebe .../Lieber ...

Überlege: Wo? Wann? Wie lange?
Soll man etwas mitbringen?
Gibt es etwas Besonderes oder eine Überraschung?
Schreibe zum Schluss einen Gruß mit deinem Namen.

Ein Gruselfest

Die Kinder wollen feiern. Alle sollen helfen. Sebastian bringt Teller, Löffel und Messer. Lina besorgt Kuchen, Butter und eine große Kugel Eis. Tom schmückt den Raum mit bunten Laken. Mutter holt Wasser und einen Apfel für jeden. Vater hängt einen Drachen und einen Vogel aus Pappe auf. Und dann feiern die kleinen Monsterkinder.

1. Schreibe die Nomen aus dem Text in einer Tabelle auf.

Menschen	Dinge
Kinder	...

2. Sortiere die Nomen im Text mit el, en und er am Ende. Schreibe diese Nomen mit Artikel in einer Tabelle auf.

el	en	er
Apfel	...	...

3. Bilde zusammengesetzte Nomen. Schreibe sie mit ihrem Artikel auf: der Käsekuchen, ...

Gesundheit

1. Beschreibe, wie Ela sich fühlt.
   Sammelt gemeinsam passende Wörter.
2. Was tun die Tobis für Ela?
3. Wie war es, als du einmal krank warst?

Verben

Verben sagen, was **man tut** oder was **geschieht**.
Die Verben stehen in Wörterbüchern in der **Grundform**.
Viele Verben enden in der Grundform mit en: **rennen, malen**.

weinen spielen regnen gähnen schlafen bauen essen rennen

1. Welches Verb gehört zu welchem Bild?
   Schreibe die acht Verben mit der richtigen Nummer auf.
   Male die Endung en an. 1. rennen …

2. Was machen die Tobis? Bilde sechs Sätze.
   Schreibe sie auf und unterstreiche die Verben rot: Die Tobis tanzen.

3. Was machst du morgens in der Schule?
   Bilde mit einem anderen Kind fünf Sätze: Wir malen Bilder.

Verben in der Grundform kennen lernen, passende Verben zuordnen, Sätze bilden und das Verb markieren
• AH: Sprache untersuchen, Seite 38

Verben verändern sich

Die **Endung** der Verben verändert sich in Sätzen.
Die Endung hängt davon ab, wer oder was etwas tut:
ich renn**e**, du renn**st**, er renn**t**.

Ela ___ im Bett. Sie ___ laut.

Papa ___ ihr eine Tasse Tee.

Oma ___ am Herd eine Suppe.

Opa ___ Waffeln.

Mama ___ ein Buch für Ela.

Alo ___ lustige Geschichten.

backt erzählt holt bringt liegt kocht hustet

1. Hier fehlen die Verben. Setze die passenden Verben ein.
   Schreibe den Text ab. Male die Endung der Verben an:
   Ela liegt im Bett. …

Nanu?

Die Sonne hustet vom Himmel.
Ela holt vor der Höhle.
Sie scheint noch.
Mama sitzt Ela einen Schal.

2. Hier sind die Verben vertauscht. Schreibe die vier Sätze richtig auf.
3. Denke dir vier lustige Sätze aus, in denen die Verben vertauscht sind.
   Schreibe so: *Das Auto lacht.*

Verben: Wortstamm und Endung

Ela ist endlich gesund. Nun kann Ela wieder viele Dinge tun.

pflücken	malen
spielen	singen

Lieder	Bilder
Blumen	Ball

1. Schreibe solche Sätze: Ela spielt Ball.
   Male die Endung des Verbs grün an.

2. Was machst du gerne? Bilde fünf Sätze:
   Ich spiele Fußball. Male die Endung an.

Ich spiele mit dir.
Du spielst mit mir.
Er spielt allein.
Sie spielt mit Leo.
Wir spielen zusammen.
Ihr spielt am Nachmittag.
Sie spielen draußen.

Verben haben einen **Wortstamm** und eine **Endung**.
Die **Endung** ändert sich.
Der **Wortstamm** bleibt gleich:
ich **trinke**, du **trinkst**, er **trinkt**.

gehen lachen weinen hören sagen stehen

3. Suche dir drei Verben aus. Schreibe die Verben so auf:
   ich gehe   wir
   du ...   ihr
   er   sie
   Unterstreiche den Wortstamm rot.

Verben: Wortstamm und Endung kennen lernen, Verben konjugieren
• AH: Sprache untersuchen, Seite 38, 39

Weiche und harte Mitlaute

Was hörst du: **B/b** oder **P/p**?

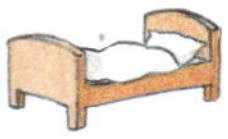 __ett
 __ilz
 __uppe
 __ild
 Ga__el
 Am__el

Was hörst du: **G/g** oder **K/k**?

 __nopf
 __eld
 __las
 __atze
 Gur__e
 Vo__el

Was hörst du: **D/d** oder **T/t**?

 __usche
 __opf
 __ampf
 __isch
 Fe__er
 Va__er

(1) Sprich die Wörter deutlich und setze die fehlenden Buchstaben ein.
Schreibe die Wörter mit Artikel auf.
Male den eingesetzten Buchstaben an: das Bett, …

Rätsel

a) darin schläft man
b) damit isst man
c) der kann fliegen
d) der hat Kinder
e) der sitzt auf dem Hals
f) daraus trinkt man
g) das hängt an der Wand
h) die regelt den Verkehr
i) damit bezahlt man
j) die hat ein Vogel

(2) Alle Lösungswörter sind in Aufgabe (1) versteckt.
Schreibe die Lösungen so auf: a) das Bett, …

B/b – P/p, G/g – K/k, D/d – T/t unterscheiden und richtig schreiben
• AH: Richtig schreiben, Seite 13, 14

Wieso haben wir manchmal Fieber?

Manchmal gelangen Krankheitskeime in den Körper.
Dann wehrt er sich gegen die Eindringlinge,
indem er seine Temperatur erhöht.
Durch das Fieber werden viele Keime abgetötet.

Manche Krankheiten, wie Schnupfen oder Grippe,
kannst du immer wieder bekommen,
Kinderkrankheiten wie Röteln oder Windpocken
nur ein Mal im Leben.

Doris Rübel

(1) Wie wehrt sich dein Körper gegen Krankheitskeime?
Sprich mit einem anderen Kind darüber.

Gute Ratschläge, um gesund zu bleiben

**Den Kopf halt kalt, die Füße warm,
das macht den besten Doktor arm.**

*Lachen ist
die beste Medizin.*

Treibe Sport
und du bleibst
gesund.

**Viel besser als ein guter Wille,
hilft manchmal eine gute Pille.**

An apple a day
keeps the doctor away.

(2) Wie findet ihr diese Ratschläge? Diskutiert darüber.

Doktor-Witze

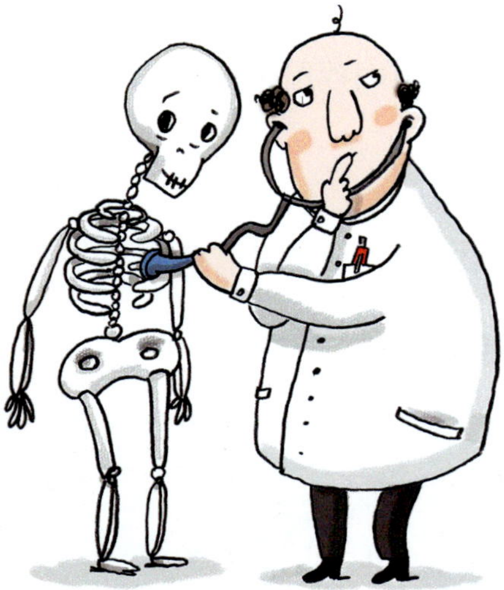

Ein Skelett kommt zum Arzt.
„Etwas früher hätten Sie schon kommen können", brummt der Doktor.

„Dein Husten hört sich heute schon viel besser an", lobt der Arzt.
„Kein Wunder", sagt Otto.
„Ich hab auch die ganze Nacht geübt."

Wer ist schlimmer dran?
Eine Giraffe mit Halsschmerzen oder ein Tausendfüßler mit Hühneraugen?

„Susi, du hast doch Fieber. Warum machst du Purzelbäume wie eine Verrückte?"
„Mama, ich habe meine Medizin genommen. Aber ich habe vergessen, vorher die Flasche kräftig zu schütteln."

Der Arzt hat Oma das Treppensteigen verboten. Nach einigen Tagen kommt Oma wieder zu dem Arzt. „Herr Doktor, das Treppensteigen müssen Sie mir wieder erlauben", sagt sie. „Das dauernde Rauf und Runter an der Dachrinne wird mir zu anstrengend."

1. Suche dir einen Witz aus.
   Lerne ihn auswendig.
2. Erzähle den Witz anderen.

Kein bisschen dreckig

Viel zu oft muss ich langweilige
Sachen machen,
wie früh ins Bett gehen,
gerade am Tisch sitzen – oder
Hände waschen!

Und echt **nervt** es, wenn ich
meine Hände waschen muss, obwohl
die kein bisschen dreckig sind, zum
Beispiel nach dem Hasen-Streicheln.
Hasen sind nicht dreckig.
Hasen sind weich.

Auch vor dem Essen muss ich mir
die Hände waschen.
Dabei esse ich schon lange mit Besteck!
Außer Erbsen,
aber die esse ich **sowieso nicht.**

Für meine Mama gilt am Bach spielen
nicht als Hände waschen,
obwohl die Hände da ganz lange
im Wasser sind.
Das ist **total unfair.**

Meine Mama hat gesagt:
„An deinen Händen sind furchtbar
viele Bakterien." Aber die sehe
ich nicht. Da sind gar keine
Bakterien – bloß Finger!

Doch Mama sagt:
„Bakterien sind winzig klein.
Wenn du dir nicht die Hände wäschst,
werden es immer mehr.
Dann wirst du
krank!"

Kriege ich auf einmal Fieber und muss
ins Bett? Und Mama ruft den Arzt an!
Und ich werde mit Blaulicht und
Sirene ins Krankenhaus gefahren.
Dort kriege ich eine Spritze.
Und das tut sicher **grässlich weh.**

Ob ich mir vielleicht doch lieber
jetzt schon die Hände wasche?
Ach was! Naja, vielleicht später mal.

Manuela und Wanja Olten

1. Kennt ihr ähnliche Gespräche mit Eltern? Sprecht in der Klasse darüber.
2. Spielt die Gespräche.

Der dreistöckige Kranke

Es hat beim alten Doktor Bingelt
heut früh das Telefon geklingelt.

„Lieber Herr Doktor, unser Gast
stirbt uns an Schmerz und Halsweh fast."

„Ein Gast? Wohl aus dem Ausland?" „Ja,
er kommt direkt aus Afrika."

„Ich komm. Doch sagen Sie vorher:
In welchem Stock ist's bitte sehr?"

„In welchem Stockwerk. Je, oje,
ich glaub, im Dritten tut's ihm weh."

Dem Arzt verschlägt's die Sprache fast:
„Ist denn drei Stockwerk hoch ihr Gast?"

„Ja, Doktor, es ist wirklich so.
Wir rufen nämlich aus dem Zoo.
Und unser Gast – das ist es ja,
ist – eine Giraffe aus Afrika."

Branko Ćopić

1. Lest das Telefongespräch mit verteilten Rollen.
Bildet dazu Dreier-Gruppen.
Ein Kind liest den Doktor,
das zweite den Zoowärter
und das dritte den Zwischentext.

Halsweh · frieren · Schal · Tee
Honig · nicht sprechen · heiser

Zahnschmerzen · Zahnarzt · Zange
Spritze · Angst · tapfer · Betäubung

Schnupfen · niesen
trompeten · Taschentuch
verstopft · Nasenspülung

1 Schreibe einen Text über die Giraffe, das Krokodil oder den Elefanten.

Die Giraffe hat Halsweh.
Gestern war die Giraffe baden.
Das Wasser war sehr kalt.
Jetzt …

Tobi-Tipp: Zu einem Bild schreiben

Wähle ein Tier aus.
Überlege, wie sich das Tier fühlt.
Überlege, was dem Tier helfen kann.
Schreibe deine Ideen auf.

Eine Bildergeschichte

1. Schau dir die Bilder an. Schreibe auf, was passiert.
2. Was macht die Mutter zum Schluss? Schreibe es auf.

Tobi-Tipp: Zu einer Bildergeschichte schreiben

Schau dir jedes Bild genau an. Schreibe etwas zu jedem Bild.
Schreibe auf, was die Personen sagen, denken und fühlen.
Überlege, was zwischen den Bildern passiert.

einen Text zu einer Bildergeschichte schreiben

• AH: Texte verfassen, Seite 56

Beim Arzt

Sebastian hustet sehr. Seine Mutter macht sich Sorgen. Sie gehen zum Kinderarzt. Im Wartezimmer sitzt Sebastian neben seiner Mutter. Sie sagt: „Ich lese dir etwas vor." Ein kleiner Junge schnieft. Sein Opa hilft: „Hier, benutze das Taschentuch." Ein Mädchen fragt: „Baust du einen Turm mit mir?" Da ruft der Arzt Sebastian ins Sprechzimmer.

1 Im Text stehen 12 Verben.
Schreibe sie auf und bilde die Grundform dazu: hustet – husten, …

Der Arzt ___ Sebastian.

Was ___ dir?

Ich ___ Halsschmerzen und Husten.

Ich ___ gleich in deinen Hals.
Zuerst ___ ich Fieber.

___ ich morgen zur Schule?
Wir ___ einen Ausflug.

Du ___ eine starke Erkältung.
Du ___ ins Bett.

Schade.

untersucht
fehlen
haben
sehen
messen
dürfen
machen
haben
gehören

2 Hier fehlen die Verben. Setze sie in der passenden Form ein.
Schreibe die Sätze auf.

ALO
ELA

Weihnachtszeit

1. Woran erkennst du auf dem Bild, dass Weihnachten ist?
2. Was passt nicht zu Weihnachten?
   Zu welchen Festen gehören diese Dinge?
3. Ist Opa der Weihnachtsmann? Betrachte ihn genau.
4. Was ist für dich das Schönste in der Weihnachtszeit?

Bestimmter oder unbestimmter Artikel?

> Die Begleiter von Nomen nennt man **Artikel**.
> Es gibt **bestimmte** Artikel: **der**, **die**, **das**.
> Und es gibt **unbestimmte** Artikel: **ein**, **eine**.

Der Stern ist gelb.

Ein Stern ist gelb.

■ Geschenk ist klein.

■ Geschenk ist klein.

■ Keks ist dick.

■ Keks ist dick.

(1) Welcher Artikel passt besser: der bestimmte oder der unbestimmte?
Schreibe die vier Sätze mit den passenden Artikeln auf.

Oma holt die Kiste mit Weihnachtskugeln.
(diese ganz bestimmte Kiste: die)

Ole will auch eine Kugel haben.
(irgendeine Kugel: eine)

Alo packt ■ Geschenk aus.
Ela packt ■ Geschenk mit der Schleife aus.
Papa sucht ■ Tanne aus.
Es ist ■ Tanne mit zwei Spitzen.
Am Adventskranz brennt ■ Kerze.
Mama pustet ■ Kerze aus.

(2) Setze die passenden Artikel in die Sätze ein und schreibe sie auf.
Unterstreiche die Artikel.

(3) Was ist in deiner Schultasche?
Schreibe vier Dinge mit Artikel so auf: ein Stift, der Stift

bestimmte und unbestimmte Artikel ergänzen, Gebrauch der Artikel erproben
• AH: Sprache untersuchen, Seite 33

Pronomen

Pronomen können an der Stelle von Nomen stehen:
ich, **du**, **er**, **sie**, **es**, **wir**, **ihr**, **sie** sind **Pronomen**.

Weihnachten

Ela und Alo haben ein Geschenk bekommen.
Sie wollen das Geschenk auspacken.

Papa isst alle Schokoladenkekse.
Er mag Schokoladenkekse am liebsten.

Mama liebt Weihnachten.
Mama bastelt Sterne.

Oma fragt Opa: Wollen Oma und Opa Kuchen essen?
Opa sagt: Opa will Torte.

1. Schreibe den Text ab.
   Ersetze die farbigen Wörter durch passende Pronomen.

Was passt zusammen?

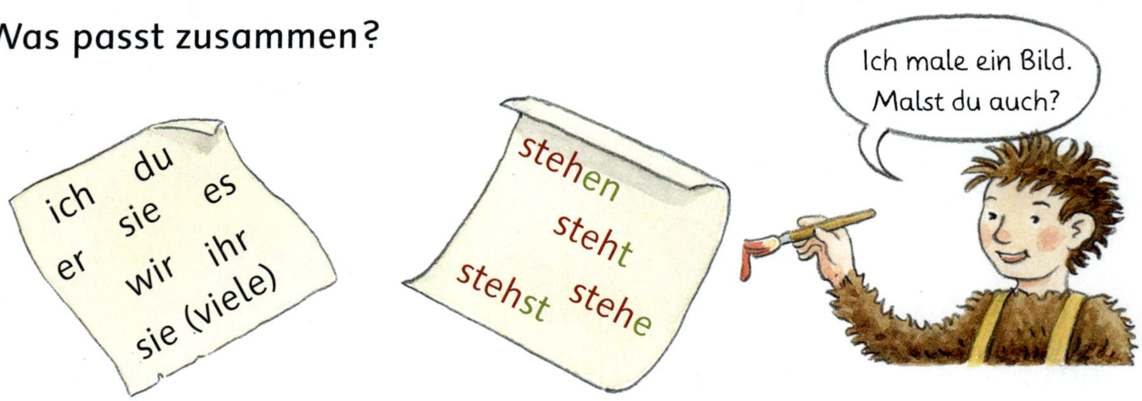

2. Welches Pronomen passt zu welchem Verb? Schreibe so: ich stehe, du …
   Unterstreiche die Pronomen.

3. Verwende aus der Wörterliste die zwei Verben beim Buchstaben **P**.
   Schreibe sie wie in Aufgabe 2 auf.

Umlaute

Ä/ä, Ö/ö und **Ü/ü** nennt man **Umlaute**.

Weihnachten in der Höhle

Die Tobis sitzen neben dem Tannenbaum.
Sie machen ein Frühstück.
Papa trägt Gläser und Löffel.
Opa stellt die Stühle und Bänke hin.
Oma legt Äpfel und Plätzchen auf den Tisch.
Mama holt Krüge mit Säften.
Ela und Alo wünschen sich ein Stück Früchtekuchen.
Plötzlich stößt Ole die Tüte mit den Nüssen um.

1. In dem Text sind 18 Wörter mit Umlauten.
Schreibe sie auf und male den Umlaut an: die Höhle, …

Rätsel

die Tr▢ne

gl▢hen

die M▢tze

z▢hlen

das M▢sli

m▢gen

die T▢r

der K▢nig

2. Setze die passenden Umlaute ein und schreibe die Wörter auf:
die Träne, … Male den Umlaut an.

3. In der Wörterliste findest du beim **F** drei Verben mit **ä**.
Schreibe drei Sätze mit diesen Verben.

St, st und Sp, sp

Aufgepasst und Ohren auf!

Auf der Spitze vom Tannenbaum
springt Leo herum.
Er will spielen und denkt,
das ist ein Spaß.
Papa steht daneben.
Er mag das Spiel nicht.
Er spricht laut zu Leo:
Stopp! Das ist kein Sport.

1. Lies den Text einem Kind deutlich vor und höre genau hin.
   Achte auf die farbigen Stellen. Was fällt dir auf?

> Man hört scht, schreibt aber **St/st**.
> Man hört schp, schreibt aber **Sp/sp**.

der ___iegel　der ___aß　der ___uhl　der ___iefel　die ___itze

der ___ein　die ___raße　___rechen　___ehen　___ringen

___ellen　___ielen　___aren　___olpern　___aunen

2. Probiere aus, welche Buchstaben passen.
   Schreibe die Wörter in zwei Spalten geordnet:

St/st	Sp/sp
der Stuhl	der Spiegel

3. Schau in der Wörterliste beim Buchstaben **S** nach.
   Dort stehen Wörter mit **St/st** und **Sp/sp**.
   Schreibe fünf Wörter mit **St/st** und fünf mit **Sp/sp** auf.

Wer hat diese Personen gesehen?

Alle Jahre wieder kommen sie mit Geschenken.
Doch dann verschwinden sie spurlos …

Gesucht werden:

Der Weihnachtsmann

Kleidung: roter Mantel, rote Mütze, weißer Vollbart
Reist mit: Schlitten und Rentieren
Ort: Deutschland und viele andere Länder
Zeit: bringt Geschenke am 24. Dezember, an manchen Orten auch erst am 25. Dezember
Besondere Kennzeichen: tiefe Stimme

Väterchen Frost

Kleidung: trägt mal einen roten, mal einen blauen Mantel, hat einen Stock, mit dem er Dinge verwandeln kann
Reist mit: Pferdeschlitten
Ort: Russland und andere Länder in Osteuropa
Zeit: bringt am 31. Dezember Geschenke
Besondere Kennzeichen: wird begleitet von seiner Enkelin Snegurotschka, dem Schneekind

Hexe Befana

Kleidung: Röcke
Reist mit: einem Besen,
reitet durch die Luft
Ort: Italien
Zeit: steckt lieben Kindern
am 6. Januar Geschenke
in Schuhe oder Strümpfe,
die bösen bekommen
Kohle
Besondere Kennzeichen:
sehr hässlich (aber lieb!),
sie sucht das Jesuskind

13 Weihnachtskerle

Kleidung: unterschiedlich,
aber ihre Namen verraten etwas
über ihr Tun:
Wurstbeißer mopst gerne Würste,
Türknaller knallt die Türen …
Ort: Island
Zeit: 12. bis 24. Dezember,
an jedem Tag kommt
ein Weihnachtskerl
und steckt Kindern etwas
in ihre Schuhe: Süßes für
die Braven, Kartoffeln oder
Schlimmeres für die Frechen
Besondere Kennzeichen:
ihre Mutter soll eine
gefährliche Riesin sein

Ein Brief vom Weihnachtsmann

Meine lieben Kinder,
es haben sich schreckliche Dinge ereignet.
An einem sehr windigen Tag im November
wurde mir meine Zipfelmütze vom Kopf geblasen.
Sie blieb an der Spitze des Nordpols hängen.
Der Nordpolarbär kletterte bis zur dünnen Spitze
hinauf, um die Mütze zu holen –
und das hat er auch geschafft.
Aber die Nordpolspitze ist mitten entzweigebrochen
und auf das Dach meines Hauses gefallen.
Und durch das Loch plumpste der Nordpolarbär
ins Esszimmer, mit meiner Zipfelmütze auf der Nase.
Und der ganze Schnee rutschte vom Dach ins Haus
und ist geschmolzen und lief auch in den Keller
hinunter, wo ich die Geschenke für dieses Jahr
gerichtet hatte.
Und der Nordpolarbär hat sich ein Bein gebrochen.
Das ist jetzt wieder heil.

Alles Liebe
Euer Weihnachtsmann

John Ronald Reuel Tolkien

1. Was passiert zuerst? In welche Reihenfolge gehören die Bilder?
2. Die Buchstaben ergeben ein Lösungswort. Wie heißt es?

Wo der Weihnachtsmann wohnt

„Weit oben in Lappland, wo die Winter kalt und dunkel sind, gibt es ein kleines Dorf am Fuße des Berges. Dieser Berg hat einen schwierigen Namen. Er heißt Korvatunturi und das ist finnisch.

Der Teil von Lappland nämlich, in dem das kleine Dorf und der Berg liegen, gehört zu Finnland. Hier also wohnt der Weihnachtsmann.“

„Die Wichtel haben alle möglichen Aufgaben. Es gibt Schreinerwichtel, Druckerwichtel, Malerwichtel und viele mehr. Und weil es sie gibt, werden immer alle Geschenke für alle Kinder auf der Welt rechtzeitig zu Weihnachten fertig. Die Schreinerwichtel schreinern in ihrer Werkstatt alles, was ein Menschenkind sich wünschen kann, von der Puppenstube bis zum Schaukelpferd.“

Mauri Kunnas

Advent, Advent

Advent, Advent,
ein Lichtlein brennt.
Erst eins, dann zwei,
dann drei, dann vier,
dann steht das Christkind vor der Tür.

Advent, Advent,
ein Lämmlein rennt.
Erst eins, dann zwei,
dann drei, dann vier,
dann läuft die ganze Herde,
dann wackelt diese Erde.

Der Schäfer und sein Schäferhund,
die stehen da mit off'nem Mund.
Der Schäfer staunt,
der Hund, der bellt
zur Weihnacht
unterm Sternenzelt.

Frederik Vahle

Mein Weihnachtswichtel

Mein Weihnachtswichtel hat einen roten langen Mantel an.
Der Mantel hat an den Ärmeln weißes Fell.
Auch am Kragen und ganz unten hat er weißes Fell.
Mein Wichtel trägt eine rote Mütze.
Er hat einen langen Bart und eine rote Nase.

1. Welcher Weihnachtswichtel ist gemeint?
2. Wähle auch einen Weihnachtswichtel aus.
   Schreibe auf, wie der Wichtel genau aussieht.
3. Lies deine Beschreibung einem anderen Kind vor.
   Lass das Kind raten, welche Figur gemeint ist.

Tobi-Tipp: Etwas genau beschreiben

Schau dir das Bild genau an.
Schreibe zuerst, was abgebildet ist.
Suche dann nach Einzelheiten.
Beschreibe die Einzelheiten mit vielen Adjektiven.

Lieber Weihnachtsmann,

was bekommen die Rentiere eigentlich
zu fressen, damit sie fliegen?
Gibt es ein bestimmtes Rezept
für das Futter? Schreibe mir doch bitte
das Rezept auf und bringe es mir
Weihnachten mit.
Vielen Dank.

Liebe Grüße dein Lele

An den Weihnachtsmann
Himmelpfort
Weihnachtspostfiliale
16789 Himmelpfort

Bodelshausen, 17. Dezember

Lieber Weihnachtsmann,

am allermeisten wünsche ich mir,
dass meine Oma wieder gesund wird.
Kann sie bitte Weihnachten wieder bei uns sein?
Mach bitte, bitte, bitte, dass sie aus dem Krankenhaus
nach Hause kommen kann.
Ich brauche auch keine anderen Geschenke.

Viele Grüße deine Paula

1. Schreibe einen Brief an den Weihnachtsmann.
Was hast du für Fragen oder Wünsche?
Wünschst du dir auch etwas, das man mit Geld nicht kaufen kann?

Tobi-Tipp: Einen Brief schreiben

Schreibe den Ort und das Datum oben rechts auf den Brief.
Schreibe eine Anrede: Liebe … Lieber …
Überlege, was du alles schreiben möchtest.
Schreibe einen Gruß und deinen Namen an das Ende.

In der Weihnachtsbäckerei

Sebastian und Lina backen mit Papa Plätzchen.

1 Schau dir das Bild genau an.
Finde zu jedem Artikel mindestens 3 Nomen auf dem Bild.
Schreibe diese Nomen in einer Tabelle auf.

der	die	das
Tisch	...	...

2 Sortiere diese Nomen nun in einer Tabelle mit: ein, eine.

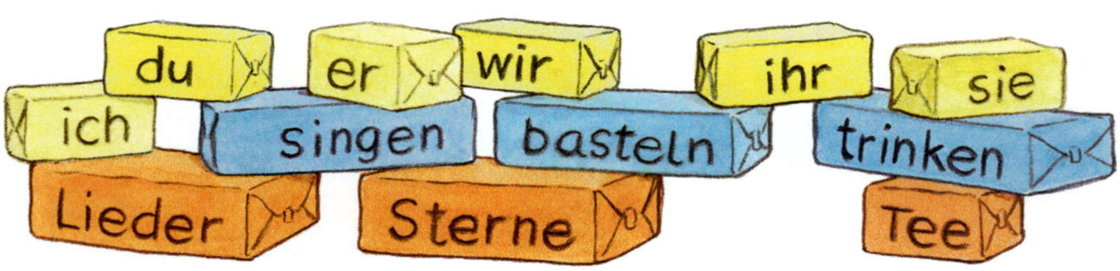

3 Bilde aus den Wörtern in den Geschenken sechs Sätze. Schreibe sie auf.
Benutze alle Pronomen in den gelben Geschenken.
Denke daran: Verben verändern sich in Sätzen.

Abenteuer

1 Warum ist Alo in großer Gefahr?

2 Wer könnte Alo helfen?

3 Was könnte in der Denkblase stehen? Schreibe es auf.

Einzahl – Mehrzahl

Fast alle **Nomen** gibt es in der **Einzahl** und der **Mehrzahl**.
Die meisten Nomen verändern sich in der Mehrzahl.

Viele Tag ist der Tobi-Papa schon auf Reise.
Hohe Berg und kalte Wind liegen hinter ihm.
Er ist steile Weg gewandert. Viele Mücke haben ihn gestochen und wilde Tier haben ihn verfolgt.
Doch dann hat er Höhle entdeckt.
Wer dort wohl lebt?

1 Lies den Text laut vor. Was fällt dir auf?
Lies ihn noch einmal. Setze dabei die Nomen in der Mehrzahl ein.

2 In dem Bild stecken viele Nomen. Suche mit einem Partner alle Nomen, die ihr dort findet. Schreibt sie in der Einzahl und der Mehrzahl auf.

Zahn Bücher Vögel Haus Zähne Buch Häuser Vogel

3 Bei manchen Nomen ändern sich die Selbstlaute in der Mehrzahl.
Welche Nomen gehören zusammen? der Zahn – die Zähne, …

Nomen: Einzahl und Mehrzahl kennen lernen, Veränderungen in der Mehrzahl erkennen
• AH: Sprache untersuchen, Seite 34/35; Richtig schreiben, Seite 25

Wörter mit a/ä und au/äu

Zu vielen Wörtern mit **ä** oder **äu**
gibt es ein verwandtes Wort mit **a** oder **au**:
das Bl**a**tt – die Bl**ä**tter, der Schl**au**ch – die Schl**äu**che,
f**a**hren – sie f**ä**hrt, l**au**fen – er l**äu**ft.

 B ___ me  K ___ mme  M ___ se  H ___ hne

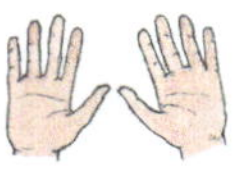 H ___ nde  R ___ der  ___ pfel 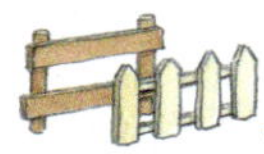 Z ___ ne

1. Bei Nomen mit ä und äu in der Mehrzahl hört man nicht, wie sie geschrieben werden. Bilde die Einzahl, dann weißt du es. Schreibe zuerst die Einzahl, dann die Mehrzahl auf: *der Baum – die Bäume, …* Male die veränderten Selbstlaute an.

In der Höhle

Papa **tragen** seinen schweren Rucksack in die Höhle.
Er ist sehr müde und **schlafen** fast ein.
Doch plötzlich hört er etwas.
Da hinten **graben** doch jemand?
Papa **halten** den Atem an.
Das **gefallen** ihm gar nicht.
In Papa **wachsen** die Angst.
Da **fallen** mit lautem Getöse ein Eimer um.
Hals über Kopf **verlassen** Papa die Höhle.
Er **laufen** so schnell er kann ins Tal.

2. Lies den Text und setze dabei die Verben in der richtigen Form ein. Schreibe die Verben so auf: *tragen – er trägt, …* Male die veränderten Selbstlaute an.

Wortbausteine bei Verben

Vor Verben kann man **Wortbausteine** setzen:
vorlesen, **ab**lesen, **mit**lesen, **ver**lesen, **nach**lesen.
Wortbausteine verändern die Bedeutung von Wörtern.

Papa kommt nach Hause. Die Tobis sind auf der Wiese.
Ole ▬ den Tag.
Mama ▬ zu klettern.
Opa ▬ einen Kürbis.
Alo ▬ sich.
Ela ▬ sich.
Oma ▬ Pilze.

ver-

suchen, stecken, teilen, schlafen, packen, rechnen

1. Schau dir das Bild an. Was machen die Tobis?
   Bilde aus den Wörtern neue Verben mit dem Wortbaustein ver.
   Schreibe die Sätze. Unterstreiche die Verben: Ole verschläft den Tag.

be- **vor-** **auf-**

malen sprechen schreiben fahren
stellen treten tragen grüßen

2. Baue mit den Wortbausteinen neue Verben.
   Schreibe so: malen: bemalen, vormalen, …
   Achtung: Nicht alle Wortbausteine passen zu allen Verben!

3. Bilde mit 6 deiner Verben Sätze.

Vorsilben be-, vor-, auf- bei Verben kennen lernen und zu Verben hinzufügen

• AH: Richtig schreiben, Seite 28

Wörter mit v/V

Die Tobis spielen Versteck. Der Vater versucht, oben von einem Baum aus die Kinder zu finden. Aber das ist verrückt. Er ist doch kein Vogel oder ein Vampir, der fliegen kann. Er fällt vom Baum und verletzt sich. Ela holt viele Blätter. Damit verbindet sie ihn. Nun kann er wieder lachen.

1. Lies den Text und schreibe die zehn Wörter mit **V/v** heraus.

Vulkan	von	Klavier
Kurve	viel	verrückt
Vampir	vier	Video
Vater	Pullover	voll

V wie F

V wie W

2. **V/v** wird verschieden ausgesprochen:
manchmal wie **F/f** und manchmal wie **W/w**.
Sprich die Wörter deutlich. Zeichne eine Tabelle und trage sie ein.

V/v-Wörter mit F-Laut	V/v-Wörter mit W-Laut
Vater	Vase

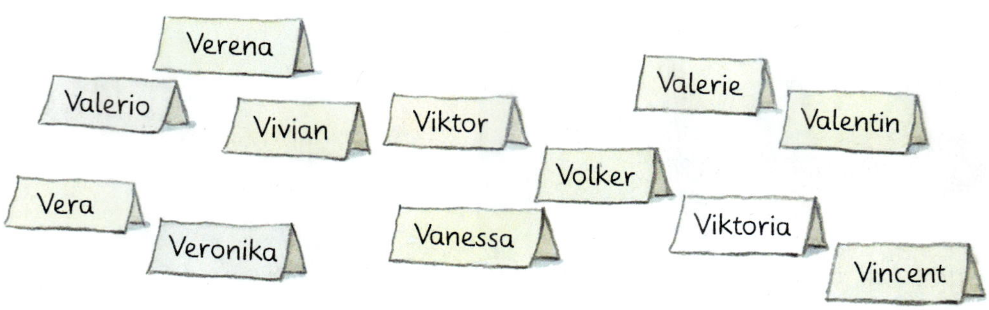

3. Nur ein Name wird mit F-Laut gesprochen. Findest du ihn?

4. Kennst du Kinder, deren Name mit **V** beginnt? Schreibe sie auf.

Wörter mit V/v kennen, auf lautliche Unterschiede achten, richtig schreiben
● AH: Richtig schreiben, Seite 28

Die wilde Jagd

Wickie rannte, was seine Beine hergaben. Aber der Wolf, der ihn jagte, hatte es mindestens genau so eilig wie er. Das wird knapp, dachte Wickie.

Der Wolf war das zotteligste Biest von ganz Flake (dort lebte Wickie). Er hatte funkelnde Augen und ein geiferndes Maul voller langer, spitzer Reißzähne. Der Wolf holte auf. Er hatte einen leeren Magen. Und Wölfe mit leerem Magen waren am hartnäckigsten.

Ein Spurt, dachte Wickie. Jetzt kann mich nur noch ein ordentlicher Spurt retten. Und so machte er also einen Spurt. Aber dummerweise war auch der Wolf ein ausgezeichneter Läufer. Jetzt hechelte und schmatzte und schnaufte er – alles auf einmal. Er war Wickie dicht auf den Fersen und schnappte schon mal nach seiner Wade. Da – endlich! Da drüben war der Wolfsbaum mit den rettenden Kletterspressen.

Wickie bekam die Zwei-Meter-Sprosse zu fassen und konnte sich in letzter Sekunde nach oben ziehen. Der Wolf sprang wütend am Stamm hoch. Wickie kletterte hinauf bis zur Acht-Meter-Sprosse. Dort hatte er für Fälle wie diesen einen dicken Stein in einer Astgabel festgeklemmt.

Wickie fing an, dem Wolf Fratzen zu schneiden. Denn das macht die Wölfe in Flake fuchsteufelswild. Der Wolf sprang immer wieder am Stamm hoch. Wickie ließ ihn springen und wartete, bis der Wolf einen besonders hohen Luftsprung machte.

Da holte Wickie mit dem Stein aus, so gut er konnte. Der Stein traf den Wolf mitten auf den Schädel. Der Wolf kippte um wie ein gefällter Baum. Wickie zählte langsam bis hundert. Wenn der Wolf dann immer noch so da lag, konnte Wickie sicher sein, dass er noch mindestens eine Stunde lang k.o. war.

Runer Jonsson

Doktor Dodos Weltreise

Eines Tages
hatte Doktor Dodo
Langeweile.
Er ging in seiner Stube
auf und ab und überlegte.

„Ich hab's“, sagte er.
„Ich mache eine Weltreise.“
Also setzte er seinen
Reisehut auf, packte seinen
Reiserucksack und machte
sich auf den Weg.

Bald darauf sah er
viele große Bäume.
„Natürlich! Der Urwald!“
„Und was ist eine Weltreise
ohne Urwald?“, fragte sich
Doktor Dodo.
„Ich liebe das Abenteuer“,
rief er.

Und dann sah Doktor Dodo
den Löwen. Das wilde Tier
saß auf einer Lichtung
am Rande des Urwalds.
Vorsichtig schaute
Doktor Dodo aus
dem Dickicht hervor.

Ole Könnecke

1 Wo erlebt Doktor Dodo sein Abenteuer?
Zeichne ein weiteres Bild von seiner Reise.

Im Dschungel

Eine Expedition in den Dschungel ist nichts für schwache Nerven.
Im Urwald ist es heiß und feucht.
Es wimmelt von gefährlichen Insekten und wilden Tieren.
Es ist sehr schwierig, sich im Dschungel zurechtzufinden.
Deshalb lässt man sich besser von einem Einheimischen führen.

Packliste für ein Abenteuer im Dschungel:

- [x] Tropenhelm
- [x] Safarianzug
- [ ] wasserdichte Schuhe
- [ ] Zelte
- [ ] Kocher
- [ ] Lebensmittel
- [ ] Moskitonetze
- [ ] Feldbetten

Gefahren des Dschungels:

Malaria, Gelbfieber und andere Krankheiten

giftige Insekten, Schlangen, Pfeilgiftfrösche

Raubtiere, zum Beispiel Tiger, Krokodil

Dugald Steer

Aus dem Tagebuch einer Tierforscherin

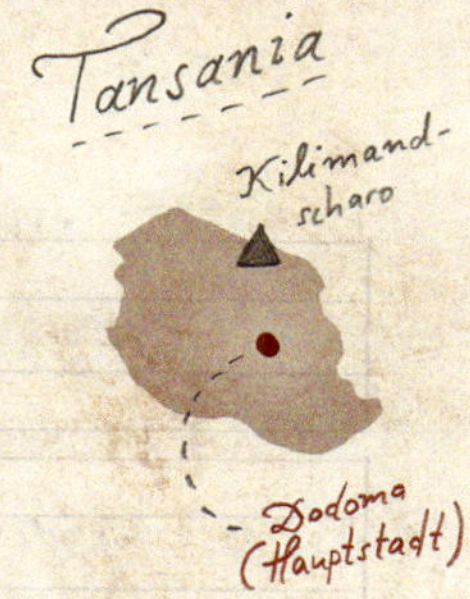

10. April 1924, Tansania, Afrika

- bin bis in die Nacht hinein einer Herde von Elefanten gefolgt
- sind auf der Suche nach frischen Pflanzen
- war zum Glück mit dem Auto unterwegs
- Elefanten können in 24 Stunden bis zu 100 Kilometer zurücklegen
- brauchen nur wenige Stunden Schlaf pro Tag

12. April 1924, Tansania, Afrika

- habe leider keine Möglichkeit, Laute der Elefanten aufzunehmen
- höre sie nicht nur schnarchen, sondern auch quieken und brüllen
- habe viel Elefantenmist gesehen, sieht aus wie Pferdeäpfel, aber viel größer
- „Elefanten-Apfel" kann bis zu zwei Kilo wiegen

16. April 1924, Tansania, Afrika

- bin jetzt in der Nähe vom Kilimandscharo, dem höchsten Berg Afrikas
- soll hier viele Leoparden geben
- sind durch geflecktes Fell aber sehr gut getarnt, fast unsichtbar
- habe leider noch keinen Leoparden gesehen

17. April 1924, Tansania, Afrika

- endlich! Habe meinen ersten Leoparden entdeckt
- er lag hoch oben in einem Baum, ausgestreckt auf einem Ast, und schlief
- Leoparden verbringen die meiste Zeit auf Bäumen
- sie schlafen, fressen und jagen auch manchmal dort
- am Nachmittag dann der Riesenschreck
- werde diesen Tag nie vergessen

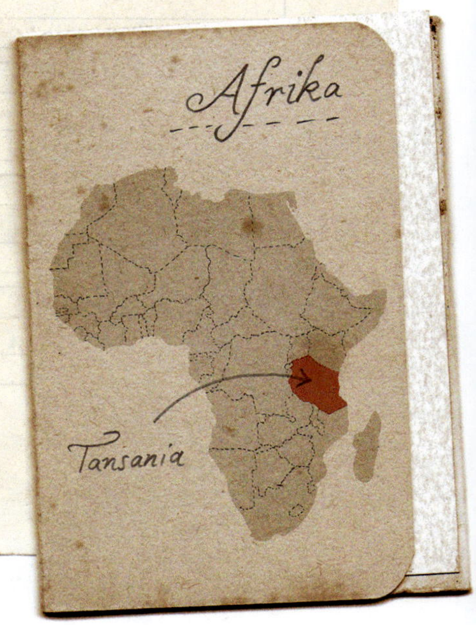

1. Was erfährst du in dem Text über Elefanten?

2. Was könnte am 17. April 1924 am Nachmittag passiert sein? Sammelt dazu gemeinsam Ideen.

Auf Safari

26. Februar:

Endlich haben wir Zebras gesehen.

Sie standen friedlich am Wasser und

1 Wähle drei Fotos. Schreibe das Safari-Tagebuch zu den Fotos.

Meine Dschungelgeschichte

1. Welche Wörter fallen dir zu Abenteuer und Expedition ein? Schreibe jedes Wort einzeln auf einen Zettel. Lege alle Zettel in eine Schachtel. Ziehe drei Zettel aus der Schachtel.

2. Schreibe eine Geschichte mit deinen drei Zettel-Wörtern.

Tobi-Tipp: Eine Zettel-zieh-Geschichte schreiben

Die Wörter auf dem Zettel müssen in deiner Geschichte vorkommen. Die Reihenfolge der Wörter bestimmst du.
Überlege, wer in deiner Geschichte mitspielt.
Überlege, wo und wann die Geschichte spielt.
Überlege, wie deine Geschichte zu Ende geht.

Abenteuerland

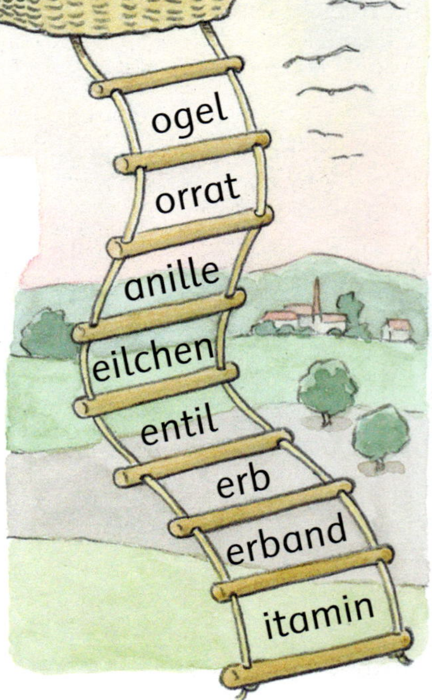

1. Im Ballon findest du viele Nomen in der Einzahl. Bilde die Mehrzahl und schreibe sie auf. Zwei Nomen haben keine Mehrzahl.

2. Bilde neue Verben mit den Wortbausteinen in den grauen und weißen Wolken. Schreibe sie auf.

3. Auf der Strickleiter stehen Wörter, denen das **V** fehlt. Schreibe sie auf und sortiere sie in einer Tabelle nach dem Klang.

F-Laut	W-Laut
…	…

Das mache ich nicht mit!
Diese Kinder!
Es reicht uns!
Eure schlechte Laune ist nicht mehr
auszuhalten. Deshalb sind wir
weggelaufen und kommen erst wieder,
wenn ihr das Folgende getan habt:

Familie

1. Alle haben schlechte Laune. Welche Idee haben die Kinder?
2. Spielt die Szene nach. Wie reagieren die Erwachsenen?
3. Wie könnte es weitergehen?

Adjektive

Adjektive sagen, wie etwas ist: **groß**, **blau**, **neu**.

Das Wetter ist schlecht.
Ganz nass ist der Wald.
Aber Alo und Ela sind fröhlich.
Sie haben warme Sachen angezogen.
So toben sie auf der feuchten Wiese herum.
Die treuen Tiere sind auch dabei.
Ole jagt einem großen Blatt hinterher.
Leo sitzt auf einem dicken Ast.

1 Lies den Text.
   a) Wie ist das Wetter?
   b) Wie ist der Wald?
   c) Wie sind Ela und Alo?
   d) Wie sind die Sachen, die sie angezogen haben?
   e) Wie sind die Tiere?
   f) Wie ist das Blatt, das Leo jagt?
   g) Wie ist der Ast, auf dem Leo sitzt?
   Beantworte die Fragen so: a) schlecht ...

rot
hell
lang
bunt
warm
gestreift
dick
blau

2 Beschreibe Alos Kleidung mit den passenden Adjektiven und unterstreiche sie. Schreibe so: Der Schal ist lang.

Adjektive erkennen, mit Adjektiven beschreiben
AH: Sprache untersuchen, Seite 40/41

Adjektive können sich verändern

Adjektive werden im Satz oft verändert: **große**, **blaue**, **neuen**.

Damit die Laune der Tobi-Eltern besser wird,
wollen die Kinder ein Fest in der Höhle feiern.
Alle sollen helfen.

Papa ist groß.	Der ___ Papa trägt den Tisch.
Mama ist stark.	Die ___ Mama holt die Stühle.
Ela ist klein.	Die ___ Ela hängt Lampions auf.
Alo ist verrückt.	Der ___ Alo verkleidet sich.
Opa ist faul.	Der ___ Opa sitzt im Sessel.
Oma ist lustig.	Die ___ Oma malt sich Punkte ins Gesicht.

1. Setze die Adjektive ein und schreibe die sechs Sätze auf.
Du musst die Adjektive verändern. Unterstreiche die Adjektive.
Schreibe so: Der große Papa …

Ela schreibt einen Brief an ihre Tante.

Liebe Tante,
wir haben gestern ein ___ Fest gefeiert. Zuerst hatten unsere Eltern ___ Laune. Aber dann haben wir ___ Sachen gemacht. Alle haben sich ___ Sachen angezogen. Opa und Oma haben sich ___ Punkte angemalt. Papa und Mama haben sich ___ Nasen aufgesetzt. Das war ___.
___ Grüße von Ela

toll lieb bunt schlecht lustig grün verrückt schön rot

2. Setze passende Adjektive ein und schreibe den Brief ab.
Du musst die Adjektive verändern.

Adjektive können viel

Mit **Adjektiven** kann man **Gegensätze** bilden.

(1) Finde die Gegensatzpaare und schreibe sie auf: schwer – leicht, …

Mama ist nicht böse. Mama ist ___.
Papa ist nicht schwach. Papa ist ___.
Ela ist nicht traurig. Ela ist ___.
Alo ist nicht krank. Alo ist ___.
Oma ist nicht faul. Oma ist ___.
Opa ist nicht jung. Opa ist ___.

(2) Setze die passenden Adjektive ein und schreibe die neuen Sätze auf.

Mit **Adjektiven** kann man **vergleichen**.

wild
schnell
stark
klug
lustig
jung

Ole ist groß. Ela ist größer. Papa ist am größten.

(3) Wähle zwei Adjektive aus und schreibe solche Sätze auf.

Gegensatzpaare bilden, mit Adjektiven vergleichen
• AH: Sprache untersuchen, Seite 43

Lange und kurze Selbstlaute

Die Selbstlaute **a e i o u** können lang oder kurz klingen:
der Plan – die Platte.

Rose – Rock Rad – Ratte Lüge – Lücke Tinte – Tiger
Hut – Hund Welt – Weg Dose – Dorf Rast – Rasen

1. Sprich die Wörter deutlich aus. Schreibe sie auf.
   Kennzeichne den farbigen Selbstlaut so:
   lange Selbstlaute mit einem Strich – und kurze Selbstlaute mit einem Punkt •

Ofen Stall Bank Esel Fest Uhr Hemd
Hase Kino Mund Nase Sand Kinn Tisch

2. Sprich die Wörter deutlich aus.
   Wird der farbige Selbstlaut lang oder kurz gesprochen?
   Sortiere die Wörter so:

langer Selbstlaut	kurzer Selbstlaut
Ofen	Stall

die K_ste

die H_se

das R_d

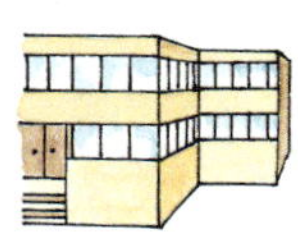
die Sch_le

die Str_ße

der V_ter

die W_nd

das Br_t

der K_pf

die P_st

3. Schreibe die Wörter mit den fehlenden Selbstlauten auf.
   Markiere die eingesetzten Selbstlaute: die Kiste, die Hose, …

Doppelte Mitlaute

Viele Wörter haben **doppelte Mitlaute**: Te**ll**er, kä**mm**en, schne**ll**.
Die Selbstlaute davor klingen immer kurz.

Karl holt einen Teller,
damit geht er in den K___.

Kobold Karl liegt in der Wanne
und trinkt Kaffee aus der K___.

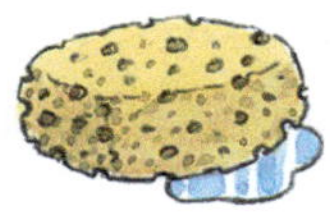

Karl hat für die Haare einen Kamm
und wäscht sich mit einem Schw___.

Für seine Mutter
holt Karl B___.

In Karls Pantoffel
liegt eine Kart___.

Karl sieht mit Wonne
am Himmel die S___.

1. Lies die Reime. Schreibe die Reimwörter auf und klatsche sie: *Teller – Keller, …*

rennen	sollen	lassen	essen
k ___	w ___	p ___	m ___
br ___	r ___	f ___	fr ___

bellen	knarren	spinnen	fallen
p ___	st ___	gew ___	kn ___
st ___	sch ___	ents ___	kr ___

2. Suche die Reimwörter. Schreibe sie auf und trenne sie so: *ren-nen, …*

he___ v___ sch___ n___ gl___ k___ o___

3. Schreibe die Adjektive auf und kennzeichne den kurzen Selbstlaut.

Wörter mit doppelten Mitlauten: Reimwörter finden, Silben klatschen, kurze Vokale markieren
• AH: Richtig schreiben, Seite 16/17

Zwielaute

ei, **au** und **eu** sind **Zwielaute** (Doppellaute).
Sie klingen immer lang.

1 Schreibe die Nomen mit Artikel in der Einzahl und der Mehrzahl auf.
Male die Zwielaute an: das Auge - die Augen, …

Die Tobis f_ern h_te _n Fest.
Sie fr_en sich _f die Fr_nde.
Alle singen l_t am F_er.
_ch die _le _s dem Wald sch_t zu.

2 Setze die passenden Zwielaute ein und schreibe die Sätze auf.
Male die Zwielaute an.

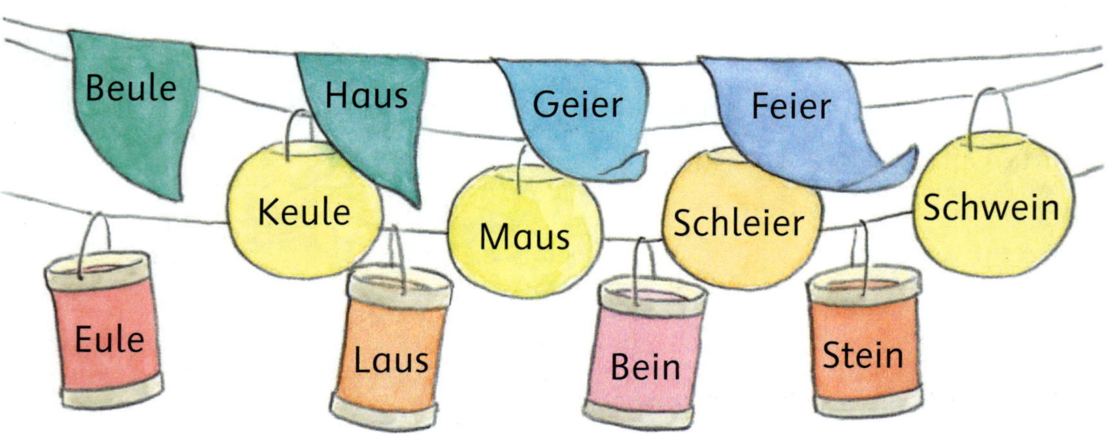

3 Finde die Reimwörter und schreibe sie auf.
Male die Zwielaute an.

Der Elefant auf Papas Auto

„Mama“, sagte Jeremy James. „Auf Papas Auto sitzt ein Elefant.“

„Ja, mein Junge“, sagte Mama, die Augen auf den Händen, die Hände auf dem Teig, der Teig auf dem Tisch.

„Mama, warum sitzt der Elefant auf Papas Auto?“

„Ich nehme an, er ist müde. Wahrscheinlich steht er bald wieder auf und geht weiter.“

„Er sitzt immer noch da“, sagte Jeremy James zwei Minuten später. „Mama, was meinst du? Soll ich Papa Bescheid sagen?“

„Nein, lass deinen Vater in Ruhe“, sagte die Mama.

„Aber ein Elefant sitzt auf seinem Auto!“, sagte Jeremy James. „Und dem Auto gefällt das nicht.“

„Jeremy James“, sagte die Mama. „Elefanten sitzen nicht auf Autos.“

„Dieser aber doch.“

„Elefanten sitzen nicht auf Autos.“

„Aber …“

„Schluss jetzt. Spiel mit deiner Eisenbahn.“

Jeremy James setzte sich auf den Teppich und spielte mit der Eisenbahn. Und er dachte an den Elefanten auf Papas Auto und wie stur Mamas manchmal sein können. Und wie er, wenn er eine Mama wäre und sein Sohn sagte, ein Elefant sitzt auf Papas Auto, sagen würde: „Was bist du für ein kluger Junge!“ und „Danke, dass du's mir gesagt hast!“ und „Hier, kauf dir ein Eis!“ – anstatt bloß „Elefanten sitzen nicht auf Autos“.

Jeremy James sah aus dem Fenster. Der Elefant war weg.

„Mama“, sagte Jeremy James. „Der Elefant ist weg.“

„Hm.“

Das war ein typisches Erwachsenenwort: Hm.

Papa kam aus dem Wohnzimmer. Er nahm eine Hand aus der Hosentasche und verkündete: „Ich wasch jetzt das Auto.“ Dann ging er aus dem Haus.

Jeremy James überlegte, welche neuen Ausdrücke Papa wohl gebrauchen würde. Aber Papa gebrauchte überhaupt keine Ausdrücke. Jeremy James sah durchs Fenster, wie Papas Kinnlade herabsackte. Dann kam Papa zurück ins Haus.

„Das Auto!“, sagte Papa. Dann ging sein Mund ein paar Mal auf und zu.

„Das Auto!“, sagte er noch einmal.

„Was ist mit dem Auto?“, fragte Mama.

„Es ist völlig hin! Es … es ist völlig hin. Es sieht aus, als wäre es zusammengequetscht worden. Total zusammengequetscht!“

„Oh John“, sagte Mama, die nur dann John zu Papa sagte, wenn sie sehr aufgeregt war.

„Eine ganze Kuhherde muss auf dem Ding herumgetrampelt sein!“, sagte Papa.

„Es war keine Kuhherde“, sagte Jeremy James. „Es war ein Elefant. Ich hab ihn gesehen. Und ich hab's Mama auch gesagt. Aber sie hat nicht gehört.“

„Ein Elefant!“, sagte Papa. „Und warum hat mir keiner was gesagt?“

„Hm“, sagte Mama.

Und Jeremy James spielte weiter mit seiner Eisenbahn.

Henry David Wilson

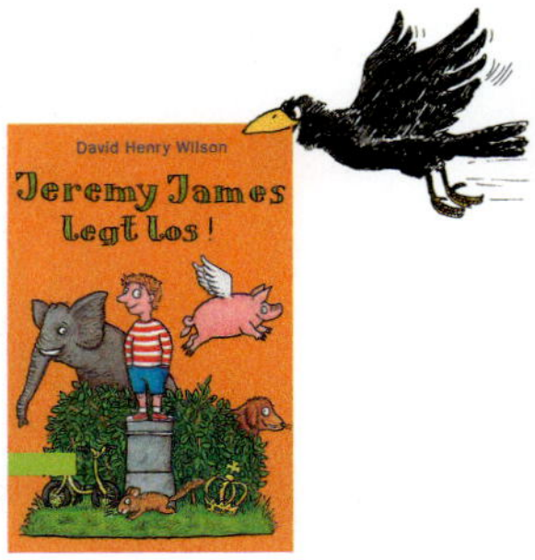

1. Lest den Text mit verteilten Rollen.
2. Überlegt euch, was die Mama am Schluss zu Jeremy James sagen sollte.
3. Ist dir schon passiert, dass Erwachsene dir nicht zuhören wollten? Sprich darüber mit einem anderen Kind.

Wer ist das?

Der Bruder meiner Mutter: …
Der Vater vom Bruder meiner Mutter: …
Die Frau vom Vater vom Bruder meiner Mutter: …
Die Tochter von dem Bruder von meiner Mutter: …

1. Finde heraus, wer die beschriebenen Menschen sind.
2. Stelle einem anderen Kind ein ähnliches Rätsel.

Fertig – ein Sketch

Mutter (genervt): Fertig?
Bist du fertig?
So mach dich doch fertig!
Du machst mich noch ganz fertig!
Bist du jetzt bitte bald fertig?
Kind (fröhlich): Fertig!
Mutter: Fix und fertig könnte man werden mit dir.

Gerda Anger-Schmid

3. Wie verändert sich die Stimme der Mutter?
Mache das beim Vorlesen nach.

ein Rätsel lösen, einen Text mit verteilten Rollen lesen,
Gestik, Mimik und Stimmführung zur Unterstützung sprachlicher Aussagen einsetzen

Pippi Langstrumpf

„Wohnst du ganz allein hier?“, fragte Annika.
„Aber nein, Herr Nilsson und das Pferd wohnen ja auch hier“, sagte Pippi.
„Ja, aber hast du keine Mama und keinen Papa hier?“
„Nein, gar nicht“, sagte Pippi vergnügt.
„Aber wer sagt dir, wann du abends ins Bett gehen sollst und all so was?“
„Das mach ich selbst“, sagte Pippi. „Erst sag ich es ganz freundlich. Und wenn ich nicht gehorche, dann sage ich es noch mal streng. Und wenn ich dann immer noch nicht hören will, dann gibt es Haue.“
Ganz verstanden Thomas und Annika das nicht.
Aber sie dachten, dass es vielleicht ganz praktisch wäre.

Astrid Lindgren

(1) Was wäre schön daran, ohne Eltern zu wohnen?

Rasmus und der Landstreicher

„Hat er denn keine Eltern, dieser Junge?“, frage Martina.
„Nein“, sagte Oskar. „Er hat weiter keine Eltern als dich und mich.“
Martina sah Rasmus lange und forschend an.
„Möchtest du denn hier bei uns wohnen?“, fragte sie ihn.
Und plötzlich fühlte Rasmus: Es war genau das, was er wollte.
„Willst du denn einen haben, der glattes Haar hat?“, fragte er schüchtern.
Martina drückte ihn an sich. Sie schlang ihre Arme fest um ihn.
Keiner hatte ihn in die Arme genommen seit damals, als er Ohrenschmerzen gehabt hatte und auf Fräulein Habichts Schoß gesessen hatte.
Martinas Arme waren hart und stark und dennoch fühlten sie sich weich an.
„Einen Jungen mit glattem Haar oder keinen“, sagte Oskar.
Rasmus Augen fingen an zu strahlen.

Astrid Lindgren

(2) Was hat Rasmus ohne Eltern vermisst?

Steckbrief

Astrid Lindgren war eine berühmte Kinderbuchautorin.

Sie wurde am 14. November 1907 in der Nähe von Vimmerby in Schweden geboren.

Als ihre Tochter Karin einmal krank war, dachte sich Astrid Lindgren Geschichten über Pippi Langstrumpf für sie aus. Daraus machte sie später die Pippi-Bücher. Sie wurden auf der ganzen Welt berühmt. Danach schrieb Astrid Lindgren viele andere Kinderbücher.

Am 28. Januar 2002 ist sie gestorben.
Da war sie 94 Jahre alt.

Nicht nur für Leseratten

- Wo findest du Bücher von Astrid Lindgren?
- Wo bekommst du Krimis und Gruselgeschichten?
- Wo gibt es Bücher über Dinosaurier und andere Tiere?
- Wo kannst du Filme und Hörspiele ausleihen?

Richtig, in einer Bücherei.
So etwas gibt es in fast jeder Stadt und auch in vielen kleineren Orten. Hier findest du hunderte verschiedene Bücher, Kassetten, CDs, DVDs, oft auch Computerspiele. Du darfst sie ausleihen und mit nach Hause nehmen. Meist ist das umsonst oder kostet es nur wenig Geld.

1. Geht mit der Klasse in eine Bücherei.
2. Wähle ein Buch aus. Was gefällt dir an diesem Buch? Erzähle es den anderen.

Textsorte Steckbrief kennen lernen, Informationen entnehmen, einen Büchereibesuch vorbereiten, ein Buch auswählen

Eine Buchvorstellung

1 Schau dir das Plakat an. Was gehört alles zu einer Buchvorstellung?
Schreibe auf. Wähle ein Buch aus. Stelle es deiner Klasse vor.

Tobi-Tipp: Ein Plakat gestalten

Schreibe auf, was alles auf deinem Plakat stehen soll.
Suche Bilder aus, die du auf dein Plakat malen oder kleben kannst.
Überlege, wo was auf dem Plakat stehen soll.
Schreibe groß und nutze den ganzen Platz aus.

Namen-Gedichte

Meine Schwester

H anna liebt Hunde.
A ffen mag sie auch.
N adja ist ihre beste Freundin.
N ie isst Hanna Spinat.
A m liebsten isst Hanna Nudeln.

von Maya

Mein Papa

C hris kann gut Gitarre spielen.
H at immer Zeit für uns.
R uht sich gerne aus.
I sst gerne Süßes.
S chokolade aber nicht so gern.

von Hanna

1. Wähle eine Person aus deiner Familie.
   Schreibe ihren Namen mit großen Buchstaben untereinander.
2. Jeder Buchstabe des Namens ist der Anfang einer neuen Zeile.
   Schreibe nun in jeder Zeile etwas über diese Person.

Tobi-Tipp: Ein Namen-Gedicht zu einer Person schreiben

Überlege, wie die Person ist und was sie gerne mag.
Sammle Wörter mit den Anfangsbuchstaben. Du kannst auch
Wörter im Wörterbuch suchen. Schreibe die Sätze.

In der Familie

1. Beschreibe die drei Dinge auf dem Fußboden mit je zwei passenden Adjektiven.
   Der Ball ist … und …

2. Auf dem Tisch findest du sechs Gegensatzpaare. Schreibe diese Paare mit dem passenden Adjektiv so auf:
   ein … Blatt und ein … Blatt, …

3. Die Personen haben verschiedene Gegenstände in den Händen. Die Nomen dafür haben alle einen doppelten Mitlaut. Schreibe diese Nomen mit Artikel auf.

Früher und heute

Früher gab es in den Häusern
keinen Wasserhahn.
Wasser musste geholt werden:
vom Fluss, vom See oder
vom Brunnen.
Später gab es Pumpen.
Das Wasser wurde in Eimer gefüllt
und nach Hause getragen.

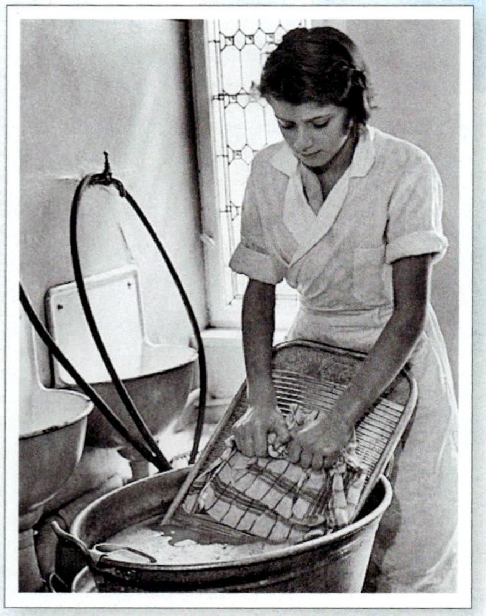

Früher gab es keine Waschmaschinen.
Die Frauen haben die Wäsche
mit der Hand gewaschen.
Die Wäsche wurde in einem Zuber
eingeweicht.
Die Wäscherin rubbelte und schrubbte
die Wäsche auf einem Waschbrett,
bis sie sauber war.

1. Welche Gegenstände benutzt man bei uns nicht mehr?
   Wofür wurden sie früher gebraucht?

2. Womit haben Kinder früher gespielt?
   Fragt eure Großeltern oder Eltern.
   Berichtet, was ihr herausgefunden habt.

Aussagesätze

> Es gibt verschiedene **Satzarten**. **Aussagesätze** erzählen, was geschieht. Am Ende eines Aussagesatzes steht ein Punkt: **.**

Der Wichtel Froga

Ela ist im Wald sie sucht nach den ersten Blumen plötzlich hört sie ein Husten Ela zuckt zusammen vor einem Felsen steht ein Wichtel

1. Lies den Text. Mache am Satzende eine Pause.
   Schreibe die fünf Sätze mit den Punkten auf.
   Denke daran: Der Satzanfang wird großgeschrieben.

2. Bilde mit den Satzteilen einer Zeile verschiedene Aussagesätze.
   Schreibe zwei Sätze pro Zeile auf.

| Ela | den ganzen Tag | und | im Wald | Wichtel Froga | spielen |

3. Schreibe die sechs Satzteile auf Zettel und lege verschiedene Sätze.
   Wie viele kannst du legen?

Fragesätze

Ein Satz, mit dem man etwas fragt, ist ein **Fragesatz**.
Am Ende steht ein Fragezeichen: **?**

Ela ist neugierig. Sie stellt Wichtel Froga viele Fragen.

Badest du
Wohnst du
Magst du
Kannst du
Hast du
Spielst du

eine Familie
in einer Höhle
gerne im Wald
im See
Kuchen
lesen

1. Bilde sinnvolle Fragen aus den Satzteilen und schreibe sie auf. Denke an das Fragezeichen am Satzende.

Wie alt bist du

Ich bin 100 Jahre alt

Da hast du sicher viel erlebt
Sah der Wald früher genauso aus

Nein, es hat sich einiges verändert
Heute gibt es weniger Bäume

Gab es früher viele wilde Tiere

Ja, damals war es im Wald sehr gefährlich

2. Hier stehen Aussagesätze und Fragesätze. Schreibe das Gespräch auf und setze die passenden Satzzeichen.

3. Male den Wald, wie er früher ausgesehen haben könnte.

Das schwierige Wortende

Am Wortende klingen **b**, **d** und **g** manchmal wie **p**, **t** und **k**: der Die**b**, das Ra**d**, der Tei**g**. Wenn du die Wörter verlängerst, hörst du, wie sie geschrieben werden.

der Korb die Hand der Berg

1 Lies diese drei Wörter deutlich vor.
Welchen Buchstaben hörst du am Wortende?
Bilde dann die Mehrzahl: die Körbe, die Hände, die Berge.
Was hörst du?

d oder t?

Kin

Hef

Bro

Wal

Hu

Hun

b oder p?

Die

Kor

Sie

Mikrosko

Gra

Kal

g oder k?

Zwer

Schran

Ste

Sar

Zwei

Zu

2 Wie enden die Wörter? Bilde zuerst die Mehrzahl
und schreibe dann so: die Kinder – das Kind, …

die Angs das Pfer der Urlau die Ban der Ber

3 Denke dir die Mehrzahl im Kopf und schreibe dann
die Einzahl mit Artikel so auf: die Angst, …

Auslautverhärtung bei b, d, g am Wortende: Verlängerungsstrategie (Mehrzahl bilden) anwenden
• AH: Richtig schreiben, Seite 15

Mitlaute ck und tz

-ck und **-tz** stehen nur nach einem kurzen Selbstlaut.

die Decke
die Sch__

schlecken
d__

der Stecker
der W__

bücken
pf__

die Krücke
die Br__

backen
h__

1 Schreibe immer die beiden Reimwörter auf: die Decke, die Schnecke.
Markiere den kurzen Selbstlaut mit einem Punkt • .

blicken Lücke wackeln Luke nicken
Haken Stock schmecken Laken
Zucker Krake flicken Fleck

2 Hier sind viele Wörter mit **ck** oder **k**.
Sortiere diese Wörter in einer Tabelle. Wie klingt der farbige Selbstlaut?

Wörter mit tz

Die Ka__en können kra__en mit ihren spi__en Ta__en.

Sie fli__en zu den Pfü__en und spri__en.

Sie sind ganz schmu__ig. Das ist wi__ig.

3 Schreibe die Sätze ab und setze **tz** ein. Male **tz** an.
Lerne die drei Sätze auswendig.

ck und tz: Reimwörter finden, auf Vokallänge achten, kurze und lange Vokale unterscheiden
• AH: Richtig schreiben, Seite 19

Freundschaftsbuch – Poesiealbum

Kleines Wörterbuch früher und heute

Früher sprachen die Leute etwas anders.
Manche Wörter kommen heute gar nicht mehr oder nur selten vor.

Ober	Kellner	**mit einem Affenzahn**	superschnell
Dreikäsehoch	Kind	**Nesthäkchen**	jüngstes Kind in der Familie
Drahtesel	Fahrrad	**Augenschmaus**	schöner Anblick
fetzig	cool	**Kokolores**	Blödsinn, Quatsch
Flegel	frecher Junge	**Pfennigfuchser**	Geizkragen
Nietenhose	Jeans	**Sommerfrische**	Urlaub im Sommer
Xanthippe	Zicke	**Benzinkutsche**	Auto
piesacken	ärgern	**Backfisch**	junges Mädchen

1. Suche dir drei Wörter von früher aus und bilde damit Sätze.
2. Ein anderes Kind soll die Sätze in die Sprache von heute übersetzen.

Nesthäkchens erstes Schuljahr

Es war gar nicht so leicht für die kleinen Abc-Schützen, ruhig und emsig in der Klasse über den Büchern zu sitzen, während die goldene Frühlingssonne vom Himmel lachte. Viel lieber hätten die munteren Beinchen mit den zum Klassenfenster übermütig hereinflimmernden Sonnenstrahlen um die Wette getanzt. Aber jetzt hieß es fein still gesessen, so schwer es auch manchem kleinen Wildfang wurde.

Else Ury

3. Was ist merkwürdig an diesem Text?
Erzähle in der heutigen Sprache, worum es geht.

Herr Kapek begegnet einem Sonntag

Es war Dienstag, als Herr Kapek einem Sonntag begegnete.
„Hallo Sonntag“, sagte Herr Kapek. „Was machen Sie denn hier? Sie sehen aber gar nicht gut aus.“
„Es ist auch nicht mein Tag“, sagte der Sonntag verdrossen.
„Natürlich nicht“, sagte Herr Kapek, „heute ist Dienstag. Was machen Sie denn an Ihrem freien Tag?“
„Ich sehe mir den Dienstag an“, sagte der Sonntag noch verdrossener. „Alle haben etwas zu tun. Die Kinder sind in der Schule. Die Erwachsenen sind in den Fabriken, in den Büros oder Geschäften. Überall ist viel Verkehr. Wenn ich da an mich denke“, seufzte der Sonntag. „Gegen den Dienstag bin ich geradezu ein Langeweiler!“

„Aber denken Sie an Ihre Ruhe“, rief Herr Kapek. „Denken Sie an die berühmte Sonntagsruhe.“

„Langweilig“, sagte der Sonntag. „Einfach langweilig. Die meisten Leute verschlafen mich halb. Und wenn es regnet, verschlafen sie mich ganz.“

„Aber denken Sie an die Kleider“, sagte Herr Kapek.
„Die Sonntagskleider, die extra für Sie angezogen werden!“

Der Sonntag machte ein düsteres Gesicht. „Aus und vorbei“, sagte er. „Das war einmal. Heute ziehen die Leute doch höchstens ein Schlabberhemd an. Oder ihre Gammelhosen. Oder ihre Freizeitlatschen. Mir zuliebe tun die doch gar nichts mehr. Mich braucht keiner mehr.“

einen Text sinnentnehmend lesen, Informationen entnehmen, Textinhalte mit eigenen Erfahrungen verbinden und sich darüber austauschen

„Aber der Sonntagsbraten“, gab Herr Kapek zu bedenken.
„Viel zu viel Arbeit“, sagte der Sonntag und winkte ab. „Die Leute holen sich doch einfach eine Pizza oder eine Currywurst mit Pommes. Nein, nein, ein Sonntag bedeutet den Leuten nichts mehr.“

„Na, dann kommen Sie mal mit“, sagte Herr Kapek und nahm den Sonntag an die Hand.
„Hallo Max“, sagte Herr Kapek zu einem Jungen, der vorbeikam. „Wie geht es dir?“
„Ich kann es kaum erwarten“, sagte der kleine Max.
„Was kannst du nicht erwarten“, fragte Herr Kapek.
„Bis es Sonntag wird“, sagte der kleine Junge. „Dann mache ich nämlich mit meinem Vater eine Fahrradtour und danach gehen wir ins Kino.“

„Toll“, sagte Herr Kapek und zum Sonntag sagte er: „Hörst du?“
Der Sonntag machte: „Hm, hm.“

„Hallo Rita“, begrüßte Herr Kapek ein Mädchen. „Gehst du wieder zum Schwimmen?“
„Ja klar, Herr Kapek“, sagte das Mädchen. „Ich muss doch üben. Am Sonntag kommt es doch darauf an. Am Sonntag ist Schwimmwettkampf. Drücken Sie mir die Daumen?“
„Aber ja“, sagte Herr Kapek und zum Sonntag sagte er: „Hörst du?“
„Hm, hm, hm“, machte der Sonntag und war ganz gerührt.
„Na, also“, sagte Herr Kapek und schüttelte dem Sonntag die Hand. „Bis nächsten Sonntag!“
„Bis nächsten Sonntag“, rief der Sonntag. „Und: Danke!“

Peter Maiwald

1 Was gehörte früher zu einem Sonntag?
Suche die Sonntags-Wörter im Text. Versuche, die Wörter zu erklären.

2 Was machst du an einem Sonntag? Male ein Bild.

Zeitreise

Max und Lena reisen durch die Zeit – in die Steinzeit und in die Zeit vor hundert Jahren. Dabei erleben sie alles mit, als ob sie damals in einer Familie gelebt hätten.

Was müssen Kinder in der Steinzeit lernen?

In der Steinzeit gibt es zwar noch keine Schule. Das bedeutet aber nicht, dass Max und Lena nichts lernen müssen. Die meisten Dinge erklären die Eltern. Ein Feuer selbst anzünden zum Beispiel. Max ist mit seinen neun Jahren fast erwachsen. Obwohl er noch so jung ist, macht er schon vieles, was die Erwachsenen tun: Fährten lesen, jagen und fischen zum Beispiel. Die Steinzeit hat ihren Namen von den Werkzeugen, die die Menschen benutzen. Sie sind aus Stein gearbeitet.

Wie streng sind die Lehrer vor hundert Jahren?

Um es kurz zu machen: sehr streng. Um 1900 müssen alle Schüler dem Lehrer gehorchen. Wer nicht spurt, wird bestraft. Der Lehrer prüft morgens als Erstes, ob die Fingernägel und Ohren der Schüler sauber sind. Wer schmutzig ist, bekommt eine Ohrfeige. Brave Schüler werden mit Fleißkärtchen belohnt.

nach Daniela Nase

1 In welche Zeit würdest du gerne mal reisen? Begründe deine Meinung.

einen Text sinnentnehmend lesen, sich eine Meinung bilden, Textinhalte mit eigenen Ideen verbinden und sich darüber austauschen

Früher

1. Was möchtest du über das Leben früher wissen?
   Schreibe Fragen auf.

2. Stelle deine Fragen einem älteren Menschen.

3. Was hast du herausgefunden? Schreibe es auf.

Tobi-Tipp: Ein Interview durchführen

Überlege dir, was du wissen möchtest.
Überlege dir, wen du dafür am besten fragen könntest.
Schreibe möglichst viele W-Fragen auf:
Was …? Wie …? Wer …? Womit …? Warum …?
Während des Interviews notiere die Antworten mit wenigen Wörtern.
Schreibe später die Antworten in Ruhe in ganzen Sätzen auf.
Zeige das geschriebene Interview der Person, die du interviewt hast.
Frage sie oder ihn, ob alles so richtig ist.

Bildimpulse zur Erarbeitung von Interviewfragen nutzen, ein Interview vorbereiten und durchführen:
Informationen über Sachverhalte/Begebenheiten aus dem Leben früher beschaffen und aufschreiben

Altes und Neues

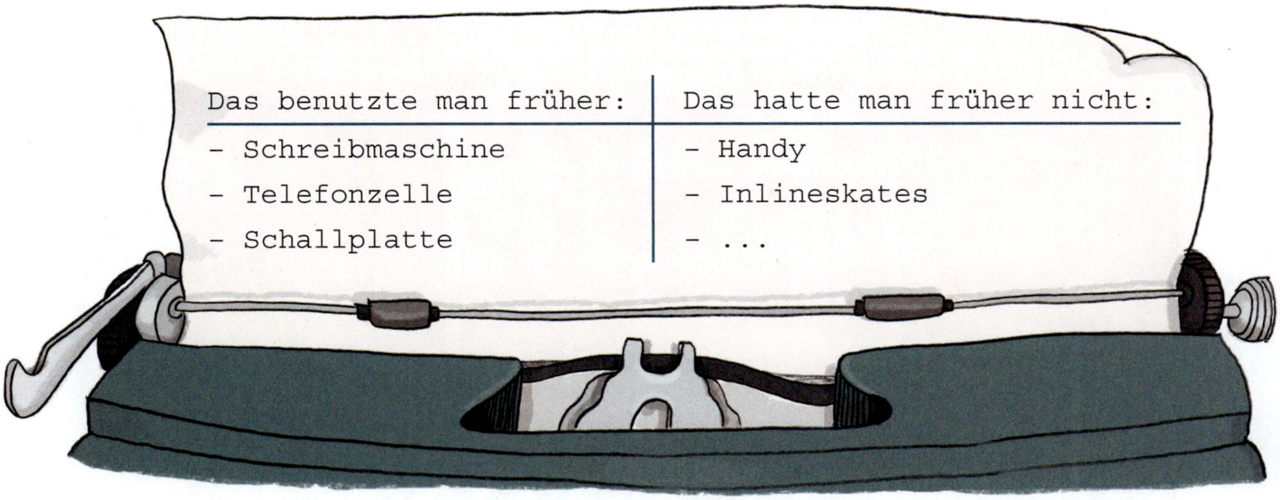

Das benutzte man früher:	Das hatte man früher nicht:
- Schreibmaschine	- Handy
- Telefonzelle	- Inlineskates
- Schallplatte	- ...

Computer   Zinnsoldat   Schaukelpferd   ICE   Geldautomat
Schiefertafel   Digitalkamera   Holzofen   Computerspiele
DVD   Waschzuber   Internet   Dampfmaschine   Kaffeemühle

1. Welche Sachen benutzte man früher?
   Welche Sachen hatte man früher nicht?
   Schreibe die Tabelle in dein Heft. Trage die Wörter ein.

2. Fallen dir noch andere Sachen ein?
   Frage auch deine Eltern oder Großeltern.
   Schreibe die Wörter in die richtige Spalte.

Jeder ist seines Glückes Schmied.

Wer den Pfennig nicht ehrt, ist des Talers nicht.

Wer den Schaden hat, braucht für den Spott nicht zu sorgen.

3. Die Sprichwörter stammen aus früheren Zeiten.
   An welchen Wörtern merkst du das? Schreibe diese Wörter auf.

4. Wähle ein Sprichwort aus.
   Schreibe ein Beispiel für das Sprichwort auf.

Wörter in einer Tabelle ordnen, Sprichwörter kennen, deren Bedeutung auf einen Sachverhalt aus dem eigenen Lebensbereich übertragen, darüber schreiben

Oma ist da!

mein Bruder
mein Vater
meine Schwester
meine Tante
meine Mutter

näht
kocht
fährt
hackt
spielt

Apfelmus
mit dem Roller
Puppenkleider
mit dem Kreisel
Holz

1 Oma erzählt aus ihrer Kindheit.
Bilde aus den Satzteilen Aussagesätze und schreibe sie auf.

2 Verwandle die Aussagesätze in Fragesätze und schreibe sie auf.

Oma spielt mit Sebastian und Lina ein Reimspiel.
Oma sagt ein Wort, die Kinder sollen Reimwörter dazu finden.

Schnecke	He▭	De▭
Schreck	Fle▭	Dre▭
Hitze	Spri▭	Bli▭
Spatz	Scha▭	Pla▭

3 Schreibe die Reimwörter auf.

Tiere

1. Welche Tiere siehst du auf dem Bild?
2. Kennst du noch andere Tiere, die auf einem Bauernhof oder im Wald leben?
3. Bildet Gruppen. Wählt ein Tier aus. Sucht in Büchern und im Internet Informationen zu eurem Tier. Schreibt einen Steckbrief und stellt euer Tier vor.

Das Hauspferd

Name
Weibchen = Stute
Männchen = Hengst
Junges = Fohlen

Futter
Gras, Heu, Stroh, Hafer

Alter
20 bis 30 Jahre

Anzahl der Jungen
Die Stute bekommt ein Fohlen.

Nutzung
zum Reiten
zum Wagenziehen
zum Sport

Wörter sortieren

Für Nomen, die zusammengehören, gibt es einen **Oberbegriff**.
Bauernhoftiere: Kuh, Schwein, Huhn.

Eichhörnchen

Hamster

Kanarienvogel

Dachs

Katze

Wildschwein

Meerschweinchen

Hund

Reh

Igel

1 Ordne die Tiere nach Oberbegriffen. Schreibe so:
Wildtiere: der Dachs, … Haustiere: der Hund, …

2 Sammle zu jeder Überschrift drei weitere Tiere.

a) Hai Forelle Goldfisch Karpfen
b) Löwe Tiger Bär Leopard
c) Langhals Diplodocus Triceratops Stegosaurus
d) Biene Mücke Fliege Hummel
e) Adler Taube Spatz Meise

3 Finde die passenden Oberbegriffe und schreibe so:
a) Fische b) …

f) Löwe Zebra Wal Giraffe Elefant Nashorn
g) Seehund Seeigel Seepferdchen Schwan Seestern
h) Hausschwein Wildschwein Stachelschwein Sparschwein

4 Welches Tier passt nicht in die Zeile?
Male es auf. Findest du Oberbegriffe?

Fachbegriff Oberbegriff kennen lernen, Oberbegriffe finden
• AH: Sprache untersuchen, Seite 37

Tierkinder-Rätsel

1) DAS KLEINE **TIER** SCHLÜPFT AUS EINEM EI.

2) ERST FIEPT ES, SPÄTER **BELLT** ES.

3) SEINE **MUTTER** GIBT MILCH.

4) DEN **ERWACHSENEN** TIEREN WIRD DAS FELL GESCHOREN.

5) DAS **SCHEUE** TIER LEBT IM WALD.

6) WENN ES GROSS IST, **REITEN** OFT MENSCHEN AUF IHM.

(1) Findest du die Tierkinder zu den Sätzen?
Schreibe die Sätze ab. Denke daran:
Nur die Anfänge der Sätze und die Nomen werden großgeschrieben.

(2) Schreibe hinter jeden Satz erst das Tierkind und dann den Namen des erwachsenen Tiers.

Nomen **Verb** **Adjektiv**

(3) In jedem Satz ist ein Wort fett gedruckt.
Schreibe auf, zu welchen Wortarten diese Wörter gehören:
Tier = Nomen, …

(4) Schreibe zu jeder Wortart noch mindestens zwei andere Wörter.

Wortfelder

Wörter mit ähnlichen Bedeutungen bilden ein **Wortfeld**.

Wie die Tiere laufen:

rennen huschen watscheln waten
hoppeln galoppieren trampeln schleichen

Der Hase ___ über die Wiese.

Der Hund ___ dem Hasen hinterher.

Die Maus ___ ins Mauseloch.

Das Pferd ___ auf der Koppel.

Die Ente ___ am Ufer entlang.

Der Storch ___ durch die Sümpfe.

Der Elefant ___ durch das Land.

Die Katze ___ sich an.

1. Wähle passende Verben aus dem Wortfeld laufen aus. Schreibe die Sätze auf.
2. Findest du noch mehr Verben zum Wortfeld laufen? stampfen, …

flüstern gucken reden blicken starren glotzen quatschen
betrachten blinzeln **sprechen** **sehen** antworten jammern
schreien schimpfen beobachten zuschauen rufen sagen

3. Ordne die Verben der Wortfelder sprechen und sehen in einer Tabelle.

sprechen	sehen
flüstern	starren
…	…

Begriff Wortfeld kennen, Wörter zu Wortfeldern finden, Wörter Wortfeldern zuordnen

● AH: Texte verfassen, Seite 54

Das ie

> Die meisten Wörter, in denen das **i** lang klingt, werden mit **ie** geschrieben.

Was Tiere alles können:

Frösche können
Hunde können
Schnecken können
Käfer können
Bären können
Katzen können
Löwen können

frieren, spielen, riechen, fliehen, kriechen, verlieren, zielen, liegen, siegen, dienen, biegen, fliegen, schielen, schieben

1 Bilde aus den Satzteilen sieben Sätze. Schreibe sie auf und male **ie** an.

2 Setze die Silben zusammen und schreibe die Nomen auf.

Vier Stiere frieren. Sieben Wiesel kriechen.

Viele Bienen fliegen. Diese Ziegen riechen.

3 Lies die Sätze und schreibe sie auf. Male **ie** an.

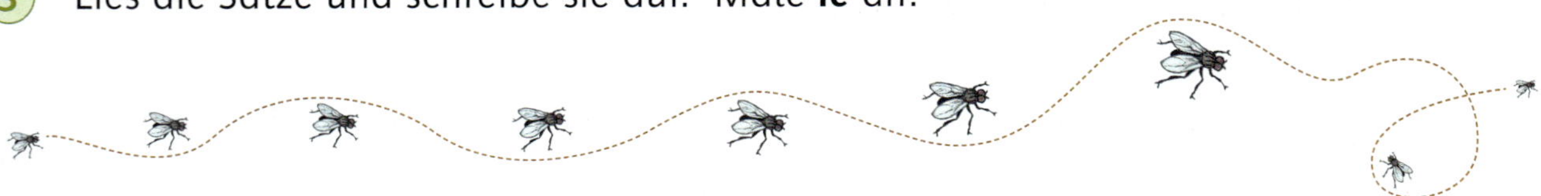

Wenn Fliegen hinter Fliegen fliegen, fliegen Fliegen hinter Fliegen.

4 Lerne den Zungenbrecher auswendig.

Abzählreime

Flapperflügel, fledrig, flattrig,
Vollmondnebel, feucht und schattig,
düster mag's die Fledermaus,
flatterflapp, und du bist raus.

Schmutz und Schmodder wunderbar,
damit kommen Schweine klar.
Rüssel rein in Schlamm und Dreck,
bist du sauber, musst du weg.

Würgeschlange, lang und dick,
schlingert leise ums Genick.
Würgen ist ihr Lieblingssport,
sie packt zu, und du bist fort.

Anke Kuhl

1. Suche dir einen Abzählreim aus und lerne ihn auswendig.
2. Spiel mit drei anderen Kindern Abzählen.
   Wer raus ist, soll ein Tier vormachen. Die anderen raten, welches es ist.

Die größten Schnarchnasen

Der Koalabär braucht 22 Stunden Schlaf pro Tag.
Das Faultier braucht 20 Stunden Schlaf pro Tag.
Das Gürteltier und das Opossum brauchen
19 Stunden Schlaf pro Tag.

Christian Drösser

3. Wie lange ist jedes Tier wach?
   Tipp: Ein Tag und eine Nacht haben 24 Stunden.

Flosse, Fell und Federbett

Kannst du abends gar nicht schlafen
und die Sache mit den Schafen
funktioniert nicht mehr bei dir …
… dann probier ein andres Tier!
Eins mit Borsten oder Feder
oder Schuppen oder Leder,
ohne Zählen kannst du wählen
zwischen Flosse, Flügel, Fell …
… entscheide schnell!

Du kannst mit Hummeln schummeln
oder mit Hummern schlummern.
Mit Motten trotten,
mit Muscheln tuscheln,
mit Kröten flöten,
matten Ratten
einen Besuch abstatten
oder lieber dem Biber mit Fieber?
Wollen wir mit Eulen heulen
bis früh um acht?
Oder lieber nicht?
Dann lösch das Licht!
Gute Nacht!

Nadia Budde

1 Finde noch mehr Reime für das Gedicht. Die Wörter im Kasten helfen dir.

2 Du kannst dir auch andere Tiere und dazu passende Reime ausdenken.

Forellen · Hechten
Ziegen · Salamandern
Meisen · Krokodilen
zielen · bellen · verreisen
fliegen · wandern · fechten

Affenheiß und schweinekalt

Wir Menschen sind totale Weichlinge!

Wir können Kälte nicht vertragen …
Wir können Hitze nicht vertragen …
Wir brauchen dauernd was zu essen
oder was zu trinken …
Ein paar Minuten ohne Luft
und das war's.

Glücklicherweise sind nicht alle
Lebewesen so empfindlich.

Überall auf der Welt gibt es Tiere,
die Lebensbedingungen klasse finden,
die einen Menschen umbringen würden.

In einem Tiefkühlschrank ist es
ungefähr minus 18 Grad Celsius kalt.
Aber in der Arktis am Nordpol
kann es ungefähr dreimal so kalt
werden: minus 60 Grad Celsius.
Minus 30 Grad Celsius sind normal
für einen arktischen Wintertag.

Wenn du diese Temperaturen überleben willst, müsstest du so angezogen sein:

Eisbären ist in der Arktis trotzdem immer schön warm.
Denn Eisbären sind sogar ohne Kleidung
besser ausgerüstet als wir:
Anstelle von warmer Unterwäsche haben Eisbären
eine sieben Zentimeter dicke Fettschicht unter
ihrer Haut.

Darüber haben sie eine doppelte Lage Fell
mit einem eingebauten Trick:
Jedes Haar ist hohl (gar nicht weiß)
und umschließt warme Luft
wie eine Minidaunendecke.

Auch die Haut der Eisbären ist ungewöhnlich: Sie ist schwarz!
Dunkle Farben nehmen mehr Wärme auf als helle Farben.
So fließt die Wärme, die das Fell einfängt, wieder in den
Bärenkörper zurück.

Mach mal einen Spaziergang an einem heißen Tag
in einem schwarzen T-Shirt, falls du mir nicht glaubst.

Nicola Davies

1 Wie schützen sich Eisbären gegen Kälte?

2 Male ein Bild dazu und erkläre es einem Erwachsenen.

Die kleinen Krebse

Die kleinen Krebse
haben es schwer,
sie krebsen und krebsen
weit aus dem Meer.
Dann kommt das Meer
Und holt sie wieder,
dann kommt das Meer
und holt sie wieder her.

1. Mache beim Vorlesen eine kleine Pause bei den Krebsen .
Gehe da auch mit deiner Stimme nach unten.

Der Sportreporter:

Erwin Grosche

2. Wie spricht ein Sportreporter? Sprecht in der Klasse darüber.
3. Lies den Text so vor, wie ein Reporter spricht.
4. Was sind die Unterschiede, wenn du das Gedicht
und den Reportertext vorliest? Sprecht in der Klasse darüber.

Einen Steckbrief schreiben

Der Eisbär

Familie
Großbär

Lebensraum
in der Arktis

Lebenserwartung
20 Jahre

Größe
160 cm hoch,
240 bis 270 cm lang

Ernährung
Robben, Fische, kleine
Belugawale, kleine Walrosse

Gewicht
400 bis 500 Kilogramm

Nachwuchs
meistens zwei Jungtiere

Gewicht bei der Geburt
600 bis 700 Gramm

Größe bei der Geburt
20 bis 30 cm groß

Feinde
der Mensch

1. Wähle ein Tier aus. Schreibe auf, was du über dein Tier weißt. Du kannst noch mehr Informationen zu deinem Tier sammeln, in Büchern oder im Internet unter: *www.kindernetz.de/oli/tierlexikon*

2. Schreibe einen Steckbrief für dein Tier.

Tobi-Tipp: Einen Steckbrief schreiben

Sammle zuerst alle Informationen.
Überlege, welche Informationen zusammengehören.
Benutze Überschriften wie auf dem Steckbrief oben.
Lies alles noch einmal durch: Passt alles zusammen?
Fehlt noch eine Information? Ist alles richtig geschrieben?

Ich wünschte, ich wäre ein ...

jagen • hungrig • Angst • fliegen
schlafen • gefährlich • schleichen
fressen • gemütlich • leise • Beute
Himmel • klein • riesig • Fell

1. Welches Tier möchtest du gerne einmal sein? Schreibe auf, was du tätest.
2. Schreibe deinen Text sauber ab und male ein Bild dazu.

Im Zoo

Lina ___: Da ist ein Papagei.
Sebastian ___: Ich finde den Adler und die Geier interessanter.
Tom ___: Sind die Eisbären da hinten nicht gefährlich?
Anna ___: Die sind doch im Gehege. So wie die Wölfe.
Lina ___: Da vorne sind auch Löwen.
Tom ___: Hilfe, eine Hornisse!
Sebastian ___: Ich mag auch keine Hummeln und Käfer.

schimpfen flüstern antworten schreien sagen fragen rufen

1. Setze passende Verben aus dem Wortfeld **sprechen** ein und schreibe so:
   Lina ruft, Sebastian …
   Kennst du noch mehr Wörter zum Wortfeld **sprechen**? Schreibe sie auf.

2. Die Kinder reden von drei verschiedenen Tierarten.
   Schreibe die Tiere mit dem passenden Oberbegriff auf.
   Findest du zu jeder Tierart weitere Tiere?

D___ Horn___sse fl___gt um Tom herum.
Er hat Angst, dass s___ st___cht.
S___ ___st w___rkl___ch r___sengroß.
W___ w___ld schlägt Tom um s___ch.
Da verschw___ndet das ___nsekt ___n der W___se.

3. Setze **ie** (langes i) oder **i** ein. Schreibe den Text ab und male **ie** an.

1. Die Tobis kommen nach Hause.
   Was erzählen sie den anderen?
   Spielt es in der Klasse nach.

2. Wer erschreckt die Tobis?
   Male den Riesen.
   Denke dir einen Namen für ihn aus,
   sein Lieblingsessen und
   seine Lieblingsbeschäftigung.
   Stelle deinen Riesen den anderen vor.

Riesen und Zwerge

1

Da bekamen sie Angst
und sie machten ihn zum König
aller wilden Kerle.

2

Kiwitt, kiwitt, machte es
plötzlich über ihrem Kopf.
Es war die Schwalbe.
Wie freute sie sich,
als sie Däumelinchen sah.

3

Als es Morgen war,
erwachte Schneewittchen,
und wie es die sieben Zwerge
sah, erschrak es.
Sie waren aber freundlich
und fragten: „Wie heißt du?“
„Ich heiße Schneewittchen“,
antwortete es.

3 Welche Bilder gehören zu welchen Texten?
Begründe deine Meinung.

Verkleinerungen mit -chen und -lein

Im Land der Riesen
ist alles **groß**:

Im Land der Zwerge
ist alles **klein**:

der Teller
das Bett
der Tisch
der Stuhl
das Bild
die Kiste

1. Verkleinere die Nomen, indem du **-chen** oder **-lein** anhängst.
   Schreibe so: *der Teller – das Tellerchen, …*

Zwerge

Ein kleiner Finger ist ein Finger▢.
Ein kleines Bein ist ein Bein▢.
Ein kleiner Fuß ist ein Füß▢.
Ein kleiner Bauch ist ein Bäuch▢.
Ein kleiner Arm ist ein Ärm▢.

2. Hänge die passende Endung an das Nomen.
   Schreibe die fünf Sätze auf.

Auch die Tiere sind bei den Zwergen klein:
Die Maus ist ein Mäuschen.

Huhn Katze Hund Esel Vogel Fisch Wurm Schaf

3. Schreibe so: *die Maus – das Mäuschen, …*
   Achtung: Oft wird bei der Verkleinerung aus einem Selbstlaut ein Umlaut.

4. Verkleinere drei Nomen aus der Wörterliste vom Buchstaben **P**.

Wörterspiele 1

Eine Geheimschrift:

(1) Kannst du die geheime Botschaft entziffern?
Schreibe auch solche Zahlenbotschaften an deine Freunde.

Versteckte Wörter:

LEWDORNRÖSCHENÜVMUTRERUMPELSTILZCHENLOERI

IVZWLSCHNEEWITTCHENIUTXGROTKÄPPCHENBLÖKNP

RASIEASCHENPUTTELPLMVUTZFROSCHKÖNIGATUZMJ

(2) In jeder Zeile sind zwei Märchenfiguren versteckt.
Finde sie und schreibe oder male sie auf.

Verrückte Wörter:

NEGREWZ DNU NESEIR NOV ← Start

(3) Kannst du diese Wörter lesen? Schreibe auch solche Wörter auf.

Ausrufesätze, Ausrufezeichen

Ein Satz, mit dem man etwas ausruft oder etwas fordert, ist ein **Ausrufesatz**. Am Ende steht ein Ausrufezeichen: **!**

Im Krötensumpf begegnen Ela, Alo und Papa den riesigen Poltertrollen.

Hört doch mal▮ Ist das unheimlich▮

Oh weh, Poltertrolle▮ Versteckt euch▮

Sie kommen▮ Achtung Papa▮

Lass meinen Papa in Ruhe▮ Du grässlicher Kerl▮

Los▮ Nichts wie weg hier▮

(1) Schreibe die Ausrufesätze auf.
Setze die Ausrufezeichen am Satzende.

Papa ist nach diesem Erlebnis etwas ängstlich.
Er warnt seine Kinder:

Bleibt
Seid
Lauft
Geht
Passt
Achtet

(2) Bilde Ausrufesätze und schreibe sie mit den Ausrufezeichen auf.

(3) Was sagt dein Lehrer oder deine Lehrerin in der Schule zu dir?
Schreibe fünf Aufforderungssätze auf: Hole dein Heft heraus!

Satzzeichen

Am Ende eines Satzes stehen diese **Satzzeichen**: **. ? !**

Von Riesen und Zwergen

Der Riese hat große Füße
Kann er damit schnell laufen
Aber ja

Doch der Zwerg ist auch flott
Vorsicht
Wo läuft er denn hin

Da stolpert der Riese über den Zwerg
und fällt hin
Autsch
Können die zwei nicht aufpassen

1 Hier fehlen die Satzzeichen: 3 Punkte, 3 Fragezeichen, 3 Ausrufezeichen.
Schreibe die Sätze mit den passenden Satzzeichen ab.

der Riese rennt aus dem Wald
er hat eine Beule und ruft laut: Hilfe
da kommt der Zwerg und fragt:
Wer braucht hier Hilfe
verdutzt schaut der Riese den Zwerg an
beide müssen lachen
dann gehen sie nach Hause
der Zwerg ruft: Bis bald

2 Hier fehlen wieder die Satzzeichen. Schreibe die Sätze ab und setze sie.
Denke daran: Satzanfänge werden großgeschrieben.

3 Bilde 2 Aussagesätze, 2 Fragesätze und 2 Ausrufesätze.

Sieben Zwerge

Der erste Zwerg sprach: „Wer hat auf meinem Stühlchen gesessen?"
Der zweite Zwerg: „Wer hat von meinem Tellerchen gegessen?"
Der dritte Zwerg: „Wer hat von meinem Brötchen genommen?"
Der vierte Zwerg: „Wer hat von meinem Gemüschen gegessen?"
Der fünfte Zwerg: „Wer hat mit meinem Gäbelchen gestochen?"
Der sechste Zwerg: „Wer hat mit meinem Messerchen geschnitten?"
Der siebte Zwerg: „Wer hat aus meinem Becherlein getrunken?"

Gebrüder Grimm

1. Betrachte das Bild: Welche Frage gehört zu welchem Zwerg?
2. Kennst du das Märchen?
   Wie lautet die Antwort auf alle sieben Fragen?
3. Lies den Text laut mit unterschiedlichen Stimmen.
   Welcher Zwerg könnte wie sprechen:
   mit hoher Stimme, mit tiefer Stimme, laut, leise, langsam, schnell?
   Ihr könnt diesen Text auch in der Gruppe mit verteilten Rollen lesen.

Mutakirorikatum

War ein Ries bei mir zu Gast,
sieben Meter maß er fast,
hat er nicht ins Haus gepasst,
saßen wir im Garten.

Weil er gar so riesig war,
saßen Raben ihm im Haar,
eine ganze Vogelschar,
die da schrien und schwatzten.

Er auch lachte laut und viel,
und dann schrieb er mir zum Spiel
– Bleistift war der Besenstiel –
seinen Namen nieder.

Und er schrieb in einem Trumm:
Mutakirorikatum.
Ebenso verkehrt herum,
ja, so hieß der Gute.

Falls ihr einen Riesen wisst,
dessen Namen also ist
und der sieben Meter misst,
sagt, ich lass ihn grüßen.

Josef Guggenmos

1. Lies den Namen des Riesen laut vorwärts und rückwärts. Was fällt dir auf?
2. Was erfährst du über den Riesen. Suche es heraus.

Nils Karlsson – Däumling

Bertil stand am Fenster. Er wartete auf seine Eltern. Jeden Tag gingen sie in die Fabrik. Bertil blieb dann den ganzen Tag allein zu Hause. Er wusste nicht, was er mit sich anfangen sollte. Bertil beschloss, sich auf sein Bett zu legen und ein wenig darüber nachzudenken.

Und gerade in diesem Moment hörte er es: Er hörte kleine, trippelnde Schritte unter dem Bett. „Spukt es hier?", dachte Bertil und beugte sich über die Bettkante um nachzugucken. Und da sah er ein kleines, wunderliches Ding. Dort unter dem Bett stand ein – ja, es war ein kleiner Junge. Nur war dieser Junge nicht größer als ein Daumen.

„Hallo", sagte der kleine Junge. „Hallo", sagte Bertil ein wenig verlegen. „Was bist du denn für einer?" „Ich heiße Nils Karlsson-Däumling", antwortete der kleine Junge. „Ich wohne hier, ein Stockwerk tiefer. Du kannst den Eingang dort in der Ecke sehen." Und dabei zeigte er auf ein großes Mauseloch, das unter Bertils Bett zu sehen war.

„Wohnst du schon lange da?", fragte Bertil.

„Nein, erst seit ein paar Tagen. Ich konnte das Zimmer von einer Maus mieten, die zu ihrer Schwester ziehen wollte."

Der Däumling seufzte.

„Aber es ist ziemlich langweilig, allein zu sein. Findest du nicht auch?"

„Schrecklich langweilig", sagte Bertil.

„Willst du ein bisschen zu mir runterkommen?" fragte der Däumling eifrig.

Bertil fing an zu lachen. „Glaubst du denn wirklich, dass ich durch das Loch hindurchkomme?"

„Das ist die einfachste Sache der Welt", sagte der Däumling. Du drückst nur auf den Nagel, den du dort neben dem Loch siehst. Dann sagst du Killevips. Dann bist du genauso klein wie ich."

Astrid Lindgren

1 Was hört Bertil, als er auf seinem Bett liegt?

2 Was muss Bertil machen, um so klein wie Nils zu werden?

3 Wie könnte die Geschichte weitergehen? Berate dich mit einem anderen Kind.

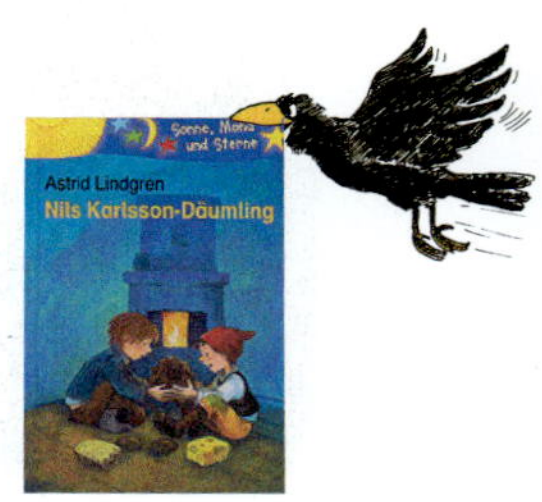

Riesen-Spiel und Zwergen-Reigen

Es war einmal ein Zwerg,
der war größer als ein Berg.
Die Leute sagten:
„Das gibt doch keinen Sinn."
Und glaubten einfach nicht an ihn.

Es war einmal ein Riese,
der saß auf einer Wiese
unter einem Löwenzahn.
? ? ?
Ihm kam's nur auf den Schatten an!

Martin Auer

Mit „Killevips" und in eurer Vorstellung könnt ihr auch riesengroß und zwergenklein werden. Das geht so.

1. Suche dir einen Partner oder eine Partnerin.
2. Bestimmt, wer zuerst der Riese und wer zuerst der Zwerg sein soll.
3. Die Gruppe stellt sich in zwei Reihen gegenüber auf.
   Auf der einen Seite die Zwerge, auf der anderen die Riesen.
   Die Partner stehen sich jeweils gegenüber. Schaut euch in die Augen.
4. Ein Signal ertönt. Die Riesen bleiben zunächst stehen.
   Die Zwerge nähern sich jetzt Schritt für Schritt den Riesen.
   Und mit jedem Schritt werdet ihr ein Stück größer. Größer und größer.
   Wenn ihr beim Riesen angekommen seid,
   dann seid ihr genauso groß wie er.
5. Danach geht es wieder Schritt für Schritt zurück.
   Und Schritt für Schritt werdet ihr wieder kleiner.
6. Jetzt gehen die Riesen los. Schritt für Schritt.
   Und Schritt für Schritt werdet ihr kleiner.

Wichtige Regeln, damit das Spiel auch funktionieren kann:
- Bitte ganz leise sein! Ansonsten klappt die Verwandlung nicht.
- Lass dir ausreichend Zeit zum Wachsen und Schrumpfen.
- Du kannst die ganze Zeit über aufrecht gehen.
  Klein und groß wirst du nur in der Vorstellung.
- Das Spiel ist erst zu Ende, wenn jedes Kind mindestens einmal riesengroß und zwergenklein war.

Däumling und Bertil

Lies noch einmal die Geschichte vom kleinen Däumling und Bertil.
Stell dir vor, Bertil hat sich auch in einen Zwerg verwandelt
und die beiden machen zusammen eine Reise.

1 Schreibe auf, was der kleine Däumling und Bertil auf ihrer Reise erleben.

Tobi-Tipp: Eine Geschichte überarbeiten

Lies deine Geschichte noch einmal.
Hast du alles geschrieben, was du schreiben wolltest?
Lies deine Geschichte einem anderen Kind vor.
Überlegt gemeinsam:
Kann man die Geschichte gut verstehen?
Gibt es eine besonders spannende Stelle?
Gefällt euch das Ende?

Däumelinchen

nach Hans Christian Andersen

1. Kennst du die Geschichte von Däumelinchen?
   Schau die Bilder an und überlege, was passiert.

2. Denke dir zu jedem Bild eine passende Überschrift aus.
   Schreibe sie auf.

Tobi-Tipp: Eine Überschrift finden

Eine Überschrift stimmt uns auf die Geschichte ein.
Eine Überschrift macht uns neugierig.
Eine Überschrift verrät nicht alles.

Märchenstunde

Sebastian liest Lina die Geschichte vom Riesen Rudi vor:

Riese Rudi lebt in einem Haus im Wald.
Er hat im Garten Blumen und Bäume.
Auf dem Tisch steht ein Korb mit Möhren.
Daraus will er eine Suppe kochen.
Er holt Töpfe und stellt sie aufs Feuer.
Da steht sein Freund schon vor dem Haus.
Es ist der Zwerg Zwusel.

Nun liest Lina Sebastian die Geschichte vom Zwerg Zwusel vor.
Bei ihm ist alles klein.

1. Schreibe die Geschichte vom Zwerg auf. Verkleinere die Nomen im Text.
   Zwerg Zwusel lebt in einem Häuschen …

2. Findest du die fünf Ausrufe?
   Schreibe sie auf und denke an das Ausrufezeichen.

Freunde

„Liebste Ela,
es grenzt an Zauberei,
wie du aus Schuhen
wahre Schmuckstücke
werden lässt."

„Bester Freund,
Ihre Kraft und
Ausdauer sind
höchst beneidenswert."

„Verehrteste Tobi-Mama,
dürfte ich Sie um ein
weiteres Gläschen Ihres
überaus schmackhaften
Holundersaftes bitten?"

Alraun von Ametist hat die Tobis besucht.
Erst haben sich alle über den Gast gefreut.
Alraun hatte so viel gesehen und erlebt.
Zu allem wusste er etwas zu sagen.
Die Tobis bestaunten den feinen Herrn.
Sie waren stolz, wenn Alraun sie lobte
und ihnen schmeichelte.
Doch bald fühlten sich die Tobis
nicht mehr wohl. Ständig sollte jeder
von ihnen Alraun einen Gefallen tun.
Seine Wünsche hielten die ganze Familie
auf Trab. Am liebsten wären die Tobis
ihren neuen Freund recht bald
wieder losgeworden.

1. Wie sieht Alraun aus? Wie benimmt er sich?
   Wie wirkt Alraun auf die anderen?
   Sammelt Adjektive, die zu Alraun passen.
2. Ist Alraun ein Freund? Schreibe auf und begründe.
3. Was könnten die Tobis Alraun antworten.
   Spielt das Gespräch.

Wortfamilien

Alle Wörter mit demselben **Wortstamm** sind miteinander verwandt. Sie gehören einer **Wortfamilie** an.

Freunde

Torpe ist bei den Tobis zu Besuch.
Der kleine Kobold ist sehr freundlich.
Torpe ist Papas bester Freund.
Sie haben sich vor langer Zeit angefreundet.
Die beiden sind seit vielen Jahren befreundet.
Auch die anderen Tobis sind mit Torpe befreundet.
Die Freundschaft mit ihm ist allen Tobis wichtig.

1. Suche die sechs Wörter aus der Wortfamilie **freund**.
   Schreibe sie auf. Unterstreiche den Wortstamm **freund** rot.

2. Wer sind deine Freunde? Kennst du sie schon lange?

Spiele

Die Tobis spielen mit Torpe lustige Spiele.
Sie gehen zum Spielplatz im Wald.
Und los geht es mit der Spielerei!
Zuerst sind die Wettspiele dran.
Dann kommt das Versteckspiel.
Schließlich sind alle Spieler müde.
Nur Ole und Leo sind noch ganz verspielt.

3. Schreibe die acht Wörter aus der Wortfamilie **spiel** auf.
   Unterstreiche den Wortstamm **spiel** rot.
   Findest du noch mehr Wörter zur Wortfamilie **spiel**?

4. Welche Spiele spielst du?

den Fachbegriff Wortfamilie kennen lernen, Wörter zu einer Wortfamilie finden
- AH: Sprache untersuchen, Seite 44

Adjektive mit -ig und -lich

Die Tobis sind ___.
Sie feiern ein ___ Fest.
Auch die ___ Zwerge und
die ___ Kobolde sind dabei.
Alle singen ___ laut. Das ist sehr ___.
Aber Opa ist es ___. Er hat es lieber ___.
Deshalb geht er ___ ins Bett.
Da kann er ___ gut schlafen.

glücklich fröhlich winzig witzig fürchterlich
lustig peinlich ruhig heimlich richtig

1. Setze passende Adjektive ein und schreibe den Text auf.

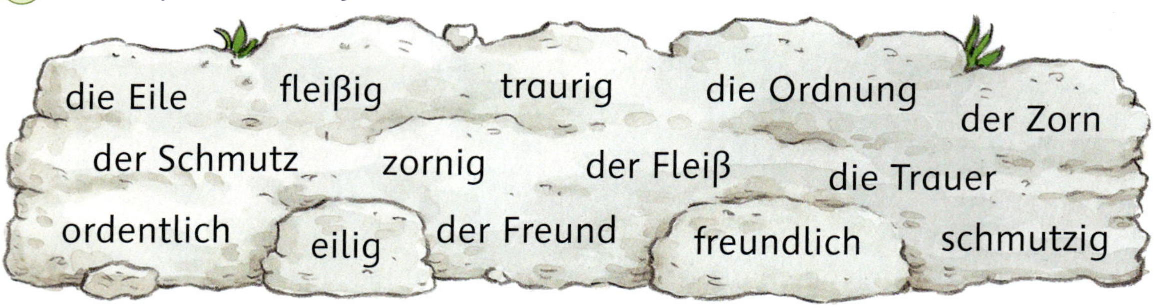

2. Wenn Adjektive und Nomen den gleichen Wortstamm haben, gehören sie zu einer Wortfamilie.
Finde die Adjektive und die Nomen, die zu einer Wortfamilie gehören.
Schreibe so: die Eile – eilig, …

nütz- fleck- dreck- plötz- kratz- ehr- schreck- trotz- pünkt- eck-

3. Bilde Adjektive mit der passenden Endung.
Schreibe sie in einer Tabelle auf.

-ig	-lich
eilig	fröhlich
…	…

Wörter mit besonderen Buchstaben

Wörter mit **x**:

Nixe

Taxi

Lexikon

Saxofon

Axt

Wörter mit **Qu**:

Qualle

Quark

Quartett

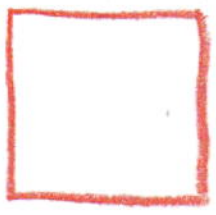
Quadrat

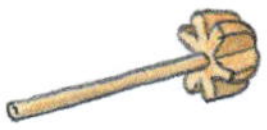
Quirl

1 Schreibe die Wörter mit ihrem Artikel richtig auf.

2 Bilde mit den Wörtern sechs Sätze.
Unterstreiche das Wort mit dem besonderen Buchstaben:
Die <u>Nixe</u> schwimmt.

Boxer	Quatsch
Mixer	Hexe
Qual	Qualm

3 Finde zu den Nomen die passenden Verben und schreibe so:
der Mixer – mixen, …

Aus ___ werden Frösche.
Die Frösche ___ im Sommer.
Die Tür ___.
Ich laufe kreuz und ___.
Die Ferkel ___.
Ich bin ___ und fertig!

quieken Kaulquappen quer quaken fix quietscht

4 Setze die fehlenden Wörter ein und schreibe die Sätze auf.

Wörterspiele 2

Teekesselwörter sind Nomen mit mehreren Bedeutungen.

Auf einer ____ ruht man sich aus.
In einer ____ ist Geld zu Haus.

Deiner ____ darfst du glauben.
Diese ____ kannst du schrauben.

Der stolze ____ kräht auf dem Mist.
Dieser ____ im Badezimmer ist.

Mutter Blatt Hahn Birne Bank Nagel Maus Schloss

1 Schreibe die Reime mit den passenden Teekesselwörtern auf.

2 Male zu den anderen fünf Teekesselwörtern beide Bedeutungen auf.

Wörterketten:

Wettspiel Spielwiesen Wiesenblumen Blumengarten Garten…

3 Baut gemeinsam eine lange Wörterkette.

Wer ist am schnellsten?

Name	Tier	Pflanze	Spiel
Felix	Frosch	Fingerhut	Fußball

4 Jedes Kind faltet ein Blatt so, dass sich vier Spalten ergeben.
Jede Spalte bekommt eine Überschrift. Ein Kind sagt still für sich das ABC auf. Ein anderes Kind sagt: Stopp!
Das erste Kind nennt den Buchstaben, bei dem es gerade war.
Wer findet am schnellsten zu jeder Überschrift ein Wort mit diesem Anfangsbuchstaben?

Ich schreibe auf diese Seite

Ich schreibe auf diese Seite
nur diesen einen Satz:
Ich mag dich wirklich – heute!
Für morgen ist auf einer andern Seite Platz.

Peter Härtling

Kein Zufall

Ein Freund meiner Freunde
sitzt an meinem Tisch,
isst aus meinem Teller,
putzt sogar meine Zähne,
täglich.

Nach Hans Manz

Gestern haben wir gestritten.
Heute möchte ich dich bitten,
dass du nicht mehr böse bist
und den blöden Streit vergisst.
Lieber Fritz sei wieder froh!
Spielen wir jetzt Domino?

Georg Bydlinski

Kater, Maus und Käse

„Ich bin dein Freund“,
sagte der Kater zur Maus.
„Danke für die Freundschaft“,
erwiderte die Maus.
„Mein Freund ist der Käse.“
Der Käse seufzte: „Ich wäre
lieber der Freund des Katers.“

Franz Zauleck

1. Lest den Text mit verteilten Rollen.
2. Ihr könnt den Text auch spielen.

Herr Dickbauch und Frau Dünnebein

Es war einmal ein dicker Mann,
der aß so gerne Marzipan.

Doch seine Frau aß Saures nur
und war so dünn wie eine Schnur.

Er blies am frühen Morgen schon
mit vollen Backen Saxophon.

Sie zupfte Harfe stundenlang,
wozu sie zarte Lieder sang.

Er fühlte sich am See gesund
und tauchte kühn bis auf den Grund.

Sie konnte keine Wellen sehn
und kletterte auf Bergeshöhn.

Er fuhr im Auto nur herum,
die Augen stier, die Lippen stumm.

Sie schwang sich lieber auf ein Rad
und kannte jeden Wiesenpfad.

Er schenkte ihr mit viel Genuss
stets einen langen Morgenkuss.

Das aber machte ihr Verdruss,
sie liebte nur den Abendkuss.

Und doch vertrugen sie sich gut
und kamen unter einen Hut.

Alfred Könner

1. Welcher Gegensatz zwischen Herrn Dickbauch und Frau Dünnebein gefällt dir besonders gut?
   Marzipan – Saures, dick – dünn, See – Berge sind Gegensätze.
2. Welche anderen Gegensätze kennt ihr noch?
   Schreibt sie auf ein gemeinsames Blatt.
3. Sucht Reimwörter dazu und versucht, eine weitere Strophe zu dichten.

Die besten Freunde der Welt

Hannes und Stefan sind dicke Freunde. Vor einem halben Jahr haben sie schwimmen gelernt. Jetzt gehen die beiden schon ohne ihre Eltern in die Badeanstalt.
Eines Tages kommt Lina in die Badeanstalt. Lina geht schon in die dritte Klasse.
„Guck mal, was ich kann!", ruft Stefan ihr zu. Dann taucht er quer durchs Becken.
„Na und?", sagt Lina spöttisch.
Im nächsten Augenblick verschwindet sie unter Wasser. Sie bleibt lange unten, viel länger als Stefan.
Inzwischen steht Stefan auf dem Einmeterbrett. Er nimmt Anlauf und landet neben Lina im Schwimmbecken.
Lina stupst Hannes an:
„Jetzt du, Hannes!"
„Da kannst du lange warten", sagt Stefan.
Lina beachtet ihn nicht. Sie sagt zu Hannes: „Los, wir springen zusammen!"
Hannes schüttelt den Kopf.
Doch Lina lässt nicht locker.
„Sei kein Frosch", sagt sie.
„Gib es auf! Hannes springt sowieso nicht!", ruft Stefan.
Jetzt wird Hannes wütend.
Natürlich ist Stefan mutiger als er. Aber deswegen ist Hannes noch lange kein Angsthase.
Er gibt sich einen Ruck und sagt zu Lina: „Wir springen!"
Doch auf dem Einmeterbrett verlässt ihn der Mut.
„Mensch, ist das tief!", flüstert er.
Doch Lina nimmt seine Hand.
Hannes schließt fest die Augen – und springt!

Als sie wieder hochkommen, prustet er wie ein echtes Nilpferd.

Text sinnentnehmend lesen, Aussagen zum Text als richtig oder falsch einstufen, einen Dialog vortragen

Überall läuft Wasser heraus:
aus Augen, Nase, Mund und Ohren.
Aber es macht ihm gar nichts aus.
Hinterher sind Hannes und Stefan
allein auf ihrer Bank.
Zuerst sagt keiner was.
Doch nach einer Weile hält
Stefan es nicht mehr aus.

„Du, Hannes?“, sagt er.
„Was ist?“, brummt der.
Stefan fragt:
„Bin ich ein Blödmann?“
Hannes nickt.
„Ein Angeber auch?“,
fragt Stefan weiter.
Wieder nickt Hannes.
„Mist“, sagt Stefan.
„Ich finde Angeber doof!“
Da lacht Hannes los.
Lachend zieht er Stefan hoch,
schubst ihn ins Wasser und
springt hinterher.
Dort tauchen sie sich unter,
bis sie beide nur noch japsen.

Jürgen Banscherus

a) Hannes und Lina sind Freunde.
b) Stefan ist sauer auf Hannes.
c) Hannes liebt es, vom Einmeterbrett zu springen.
d) Lina findet Stefan toll.
e) Hannes beendet seine Freundschaft mit Stefan.

1 Welche Aussagen stimmen?
Unterhalte dich mit einem anderen Kind darüber.

2 Übe, den letzten Dialog zwischen Hannes und Stefan laut zu lesen.
Ihr könnt die Rollen auch verteilen: Hannes, Stefan, Erzähler.

Marvin

Für Marvins Augen sind die Zahlen auf dem Mathezettel viel zu klein – trotz seiner dicken Brille. Er kann nicht so gut sehen wie andere Kinder in seiner Klasse. „Was so klein geschrieben ist, kann ich überhaupt nicht lesen", erzählt der Zehnjährige. Marvin ist sehbehindert. Ein großes Problem ist das aber nicht. Marvins Lehrer kopieren Aufgaben für ihn einfach extra groß. Für sie ist so ein bisschen Rücksicht nichts Besonderes. An ihrer Schule in Hamburg haben viele Kinder eine Behinderung. Sie gehen gemeinsam mit nichtbehinderten Kindern in eine Klasse.

Die Schule ist dafür extra eingerichtet. Es gibt zum Beispiel einen Fahrstuhl – so kommen auch Kinder in Rollstühlen überall hin. Das ist an vielen anderen Schulen in Deutschland nicht so. Viele Kinder mit Behinderungen gehen deshalb in besondere Schulen, in denen gar keine Kinder ohne Behinderungen sind. „So etwas könnte ich mir nicht vorstellen", sagt Marvin. Er ist zwar froh, dass er nicht der Einzige in der Klasse ist, der „es an den Augen hat". Aber er möchte von seinen nichtbehinderten Freunden auch nicht getrennt sein.

1. Vielleicht verleiht ein Lehrer oder ein Kind aus deiner Klasse seine Brille. Setze sie vorsichtig auf. Wie sieht das Klassenzimmer jetzt für dich aus? Beschreibe.

Text sinnentnehmend lesen,
Textinhalte mit eigenen Erfahrungen verbinden und sich darüber austauschen

Freundschaft mit allen Sinnen

Farbe	Freundschaft ist …
Geschmack	Freundschaft schmeckt nach …
Geruch	Freundschaft riecht nach …
Aussehen und Form	Freundschaft sieht aus wie …
Ton oder Klang	Freundschaft klingt wie …
Erlebnis	Freundschaft ist, wenn …

1. Schreibe ein Sinne-Gedicht über Freundschaft.
   Gestalte ein Schmuckblatt mit deinem Sinne-Gedicht.

Tobi-Tipp: Über Gefühle schreiben

Schließe die Augen und denke an deinen Freund oder deine Freundin.
Überlege, was du zusammen mit deinem Freund oder deiner Freundin tust.
Nun beantworte die Fragen:
Welche Farbe passt zu unserer Freundschaft?
Welcher Geschmack …?
Schreibe deine Ideen auf.
Lies das Gedicht noch einmal durch. Klingt es so, wie du möchtest?

Gebrauchsanweisung für Schlechte-Laune-Tage

Gebrauchsanleitung bei schlechter Laune:

1. Bei schlechter Laune etwas Abstand halten.
2. Langsam näher kommen mit einem Schokokeks in der Hand.
3. Schokokeks geben und dabei einen guten Witz erzählen.
4. Zusammen lachen.

leise mit mir sprechen
mich in den Arm nehmen
eine Geschichte vorlesen
fernsehen dürfen
mich zum Lachen bringen
mich in Ruhe lassen

1. Überlege, wie du deinem Freund oder deiner Freundin gute Laune machen kannst.
2. Schreibe so eine Gebrauchsanweisung für deinen Freund oder deine Freundin. Lies deinem Freund oder deiner Freundin die Gebrauchsanweisung vor.

In der Stadt

Lina und Sebastian fahren mit dem Fahrrad in die Stadt. Sie wollen sich dort mit Tom treffen. Sie benutzen den sicheren Fahrradweg. Auf der Fahrbahn fahren die Autos nämlich sehr schnell. Tom fährt immer mit dem Bus. Er kennt den Fahrplan und weiß, wann der Bus abfährt. Plötzlich merkt er, dass er kein Fahrgeld hat. Und ohne Fahrkarte nimmt ihn der Busfahrer nicht mit. Er rennt nach Hause. Als er wieder bei der Haltestelle ist, kommt der Bus gerade angefahren.

1. Schreibe die Wörter der Wortfamilie **fahr** heraus. Male den Wortstamm an.

Die Freunde treffen sich in der Stadt.
Sie bummeln im Kaufhaus und schauen sich um.
Dort gibt es für jeden etwas:

- ein dickes ___ für Mama
- und ein ___ für Lina.
- Für die Gartenarbeit hätte Papa gerne eine ___.
- Oma wünscht sich einen ___
- und Sebastian möchte gerne ein ___.
- Tom braucht ein Buch über ___.

Axt	Quartett	Lexikon	Quallen	Mixer	Saxofon

2. Setze die passenden Wörter ein und schreibe die Sätze auf.

Wasser

1. Wer lebt im oder am Wasser?
2. Welche Dinge findet ihr im Bild, die in ihrem Namen das Wort „Wasser“ haben?
3. Denkt euch weitere Wasserwörter aus.

Was ist wo?

a) Was schwimmt im Wasser?

b) Was ist neben dem Floß?

c) Was hängt am Ast?

d) Was sitzt auf dem Seerosenblatt?

e) Was fliegt über dem See?

f) Was krabbelt vor der Kiste?

1 Schreibe die Antworten auf und benutze dabei die Wörter aus den Fragen.
a) Im Wasser schwimmt … b) Neben dem Floß ist …

an am auf in im unter über
hinter zwischen vor aus neben

2 Stellt euch gegenseitig Rätselfragen mit dem Fragewort **wo**:
Wo sitzt ein Vogel?
Wo steht ein Eimer?
Wo sitzt ein Frosch?
Die Wörter aus dem Kasten helfen euch bei den Antworten.

Lokalpräpositionen kennen, Wo-Fragen stellen und beantworten
• AH: Texte verfassen, Seite 55

Wörter mit ß

Sommer

Es ist heiß. Alo läuft draußen barfuß
durch das Gras. Ela schießt einen Fußball
ins Wasser. Die beiden haben viel Spaß.
Der fleißige Papa gießt die weißen Blumen.
Mama beißt in ein großes, süßes Stück Melone.
Oma läuft der Schweiß von der Stirn.
Bloß Opa weiß nicht, was er tun soll.

1 Lies den Text. Schreibe alle 15 Wörter mit **ß** auf.

Verwandte Wörter – Wortfamilien

2 Sortiere diese ß-Wörter. Welche gehören zu einer Wortfamilie? Schreibe sie auf.

Rätsel mit ß-Wörtern

Ela pflückt einen **1** Blumen. Die Tobis fahren auf einem **2** zum Fest. Das Gegenteil von kalt ist **3** . Trockene Pflanzen muss man **4** . Das Gegenteil von klein ist **5** . Mit den Zähnen können wir **6** . Das Gegenteil von sauer ist **7** . Mit einem Schlüssel kann man **8** . Das Gegenteil von schwarz ist **9** . An den **10** tragen wir Schuhe. Das Gegenteil von faul ist **11** . Auf einer **12** fahren Autos.

3 Hier fehlen Wörter mit **ß**. Schreibe die Lösungen so auf: 1) Strauß, …

Wörter mit -h

Alo ____ sich vom Spiel aus.
Opa braucht viel ____.
Leo kann einfach nicht ____ sein.

Ela hat sich ____.
Die ____ stimmt einfach nicht.
Da hilft Mama beim ____.

Papa gibt sich beim Kochen ____.
Oma ____ sich, nicht zu lachen.
Aber das ist ____ für sie.

Ruhe
ruhig
ruht

Zahl
Zählen
verzählt

mühsam
bemüht
Mühe

1. Setze die passenden Wörter ein und schreibe die Sätze auf.
Male den Wortstamm an.

Wortfamilie fahr

2. Die Wortfamilie **fahr** ist groß.
Male ein Auto und schreibe viele Wörter der Wortfamilie hinein.

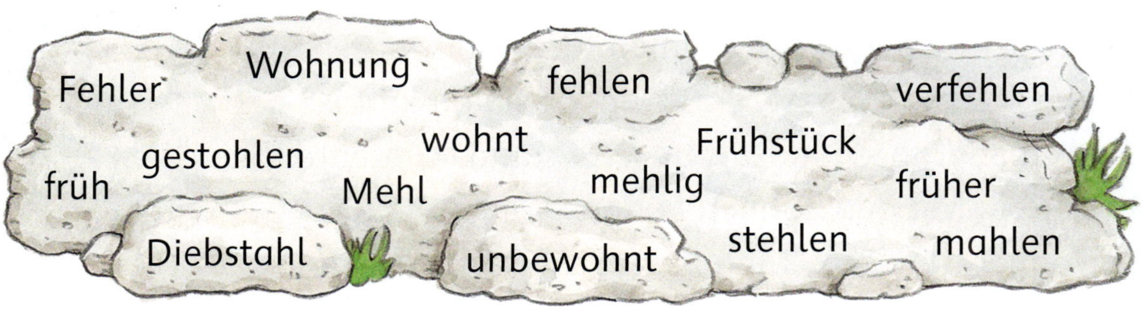

3. Immer drei Wörter stammen aus einer Wortfamilie.
Schreibe die drei zusammengehörigen Wörter untereinander.
Markiere den Wortstamm farbig.

Wörter mit -h kennen und schreiben, Wortfamilien
• AH: Richtig schreiben, Seite 20

Satzzeichen

Punkt, Fragezeichen oder Ausrufezeichen?

Die Tobis sind am Fluss
Sie fischen
Wo ist denn Mama
Sie liest im Boot
Das Boot treibt den Fluss hinunter

Mama, pass auf
Siehst du nicht den Wasserfall
Komm zurück

Mama rudert schnell
Wird sie es schaffen

1. Schreibe den Text ab. Setze die richtigen Zeichen am Ende der Sätze ein.
2. Bilde aus den fünf Aussagesätzen fünf Fragesätze.
   Schreibe so: Sind die Tobis am Fluss?

3. Nimm aus jedem Eimer einen Satzteil und bilde Sätze damit:
   a) drei Aussagesätze und b) drei Fragesätze.
   Schreibe so: a) Alo badet im See. b) Findet Ole Bienen im Wald?

Wörter mit ch

Ela sucht am Bach nach einem Wicht.
Alo leuchtet ihr mit einem Licht.

Papa möchte acht Kuchen
und noch Milch dazu.

Mama braucht das sicher nicht.
Sie lacht in ihr Buch.

(1) Es gibt viele Wörter mit **ch**. Das **ch** kann verschieden klingen.
Lies die Sätze. Sortiere die Wörter nach ihrem ch-Laut in eine Tabelle.

ch wie bei Fach	ch wie bei ich
sucht	leuchtet

Reimwörter mit ch

Schlau ___	Da ___	Ku ___ en	sa ___ t	Li ___ t
Bau ___	Fa ___	Bu ___ en	kra ___ t	Wi ___ t
Rau ___	Ba ___	su ___ en	la ___ t	Si ___ t

(2) Schreibe die Reimwörter mit **ch** auf.

sch oder ch?

Bröt ___ en   Ti ___   Kir ___ e   Kir ___ e   El ___   Ta ___ e

(3) Schau dir die Bilder an und sprich die Wörter deutlich.
Schreibe die Wörter mit **ch** auf.

Wörter mit ch kennen und schreiben
• AH: Richtig schreiben, Seite 20

Wörter mit doppelten Selbstlauten

Es gibt nur wenige Wörter mit doppelten Selbstlauten:
aa, ee, oo. Doppelte Selbstlaute klingen immer lang.

(1) Im Teich schwimmen Wörter.
Das Wasser hat die doppelten Selbstlaute weggespült.
Setze die passenden doppelten Selbstlaute ein und schreibe die Wörter in einer Tabelle auf.

aa	ee	oo
Paar	Kaffee	Boot
…	…	…

Was die Tobis im Sommer gerne machen:

Alo schwimmt gerne im S .
Opa trinkt lieber T oder Kaff .
Ela isst am liebsten B ren.
Oma bürstet ihr H r.
Papa liegt im Kl und träumt vom Schn .
Mama sitzt im B t oder auf weichem M s.

(2) Lies den Text und setze dabei passende Wörter aus der Tabelle ein.
Schreibe die sechs Sätze auf.

Nachrichten

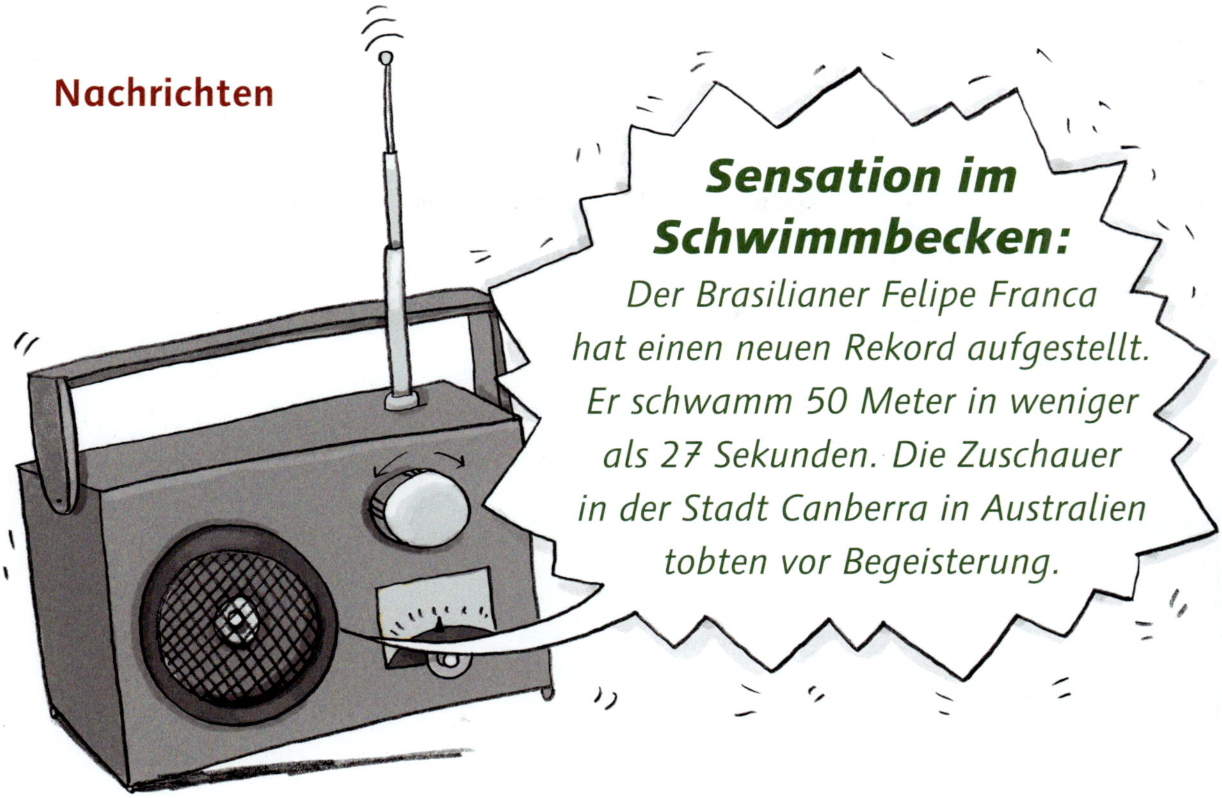

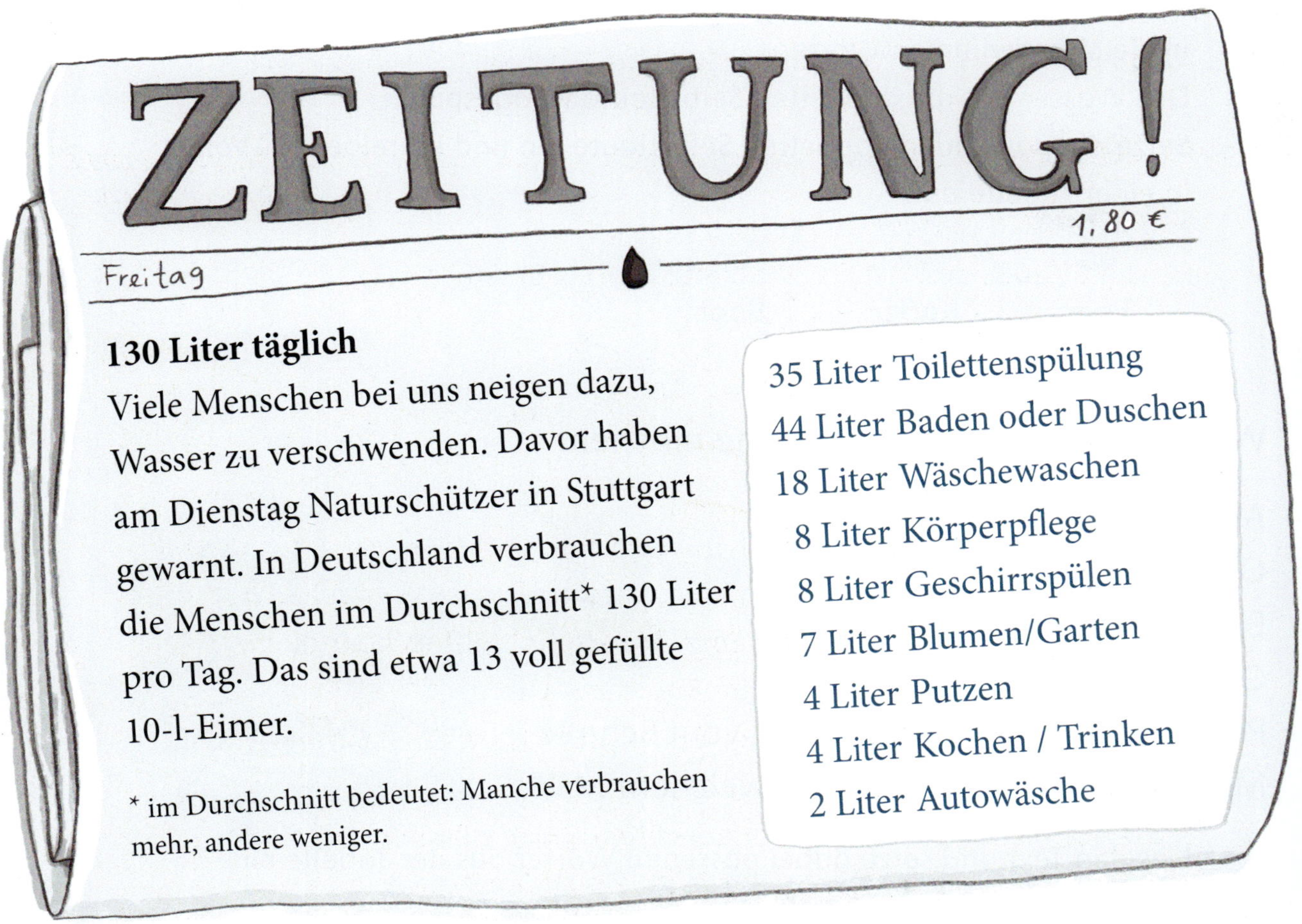

ZEITUNG!

1,80 €

Freitag

130 Liter täglich

Viele Menschen bei uns neigen dazu, Wasser zu verschwenden. Davor haben am Dienstag Naturschützer in Stuttgart gewarnt. In Deutschland verbrauchen die Menschen im Durchschnitt* 130 Liter pro Tag. Das sind etwa 13 voll gefüllte 10-l-Eimer.

* im Durchschnitt bedeutet: Manche verbrauchen mehr, andere weniger.

35 Liter Toilettenspülung
44 Liter Baden oder Duschen
18 Liter Wäschewaschen
8 Liter Körperpflege
8 Liter Geschirrspülen
7 Liter Blumen/Garten
4 Liter Putzen
4 Liter Kochen / Trinken
2 Liter Autowäsche

www.

Wasser – so wertvoll wie Gold: Kein fließendes Wasser, keine Dusche, kein Schwimmbad, kein Mineralwasser: Für uns ist das unvorstellbar. Aber in vielen anderen Ländern gehört Wassermangel zum Alltag.
Besonders groß ist der Wassermangel in den Ländern Afrikas, die südlich der großen Wüste Sahara liegen.
Dort gibt es so gut wie kein Süßwasser, weil es kaum regnet. Die Erde trocknet schnell aus und das Grundwasser versickert. Die Menschen müssen oft kilometerweit laufen, um Wasser zum Kochen oder Waschen aus kleinen Tümpeln oder Flüssen zu holen. Dabei gibt es auf der Erde sehr viel Wasser.
Nur: Das meiste Wasser ist Salzwasser. Und das können Menschen und Tiere nicht trinken. Süßwasser macht nur einen winzigen Teil des Wasservorrates auf der Erde aus.
Das wenige Süßwasser würde sogar für alle Menschen reichen – wenn es gleichmäßig auf der Erde verteilt wäre.

Sina Rosenkranz

1 Probiere die Lesetipps auf dieser Seite aus.
Was hilft euch noch, wenn ihr komplizierte Texte lest?
Sprecht darüber in der Klasse.

Tobi-Tipp: Schwierige Texte verstehen

Komplizierte Wörter: Wenn du ein Wort nicht verstehst, schreibe es auf einen Extrazettel. Frage deine Lehrer oder Eltern, was es bedeutet.
Text in Häppchen: Lies einen Satz. Versuche, ihn zu verstehen. Dann erst kommt der zweite Satz. Manchmal hilft es aber auch, weiterzulesen, wenn der zweite Satz den ersten erklärt.
Noch mal durchkauen: Lies einen Absatz mindestens zwei Mal, vielleicht sogar drei Mal.
Drüber reden: Such dir ein anderes Kind oder einen Erwachsenen. Sprecht darüber, wie jeder den Text verstanden hat.

Warum können Schiffe schwimmen?

Um das zu verstehen, könnt ihr etwas ausprobieren.
Dafür braucht ihr Wasser, zum Beispiel in einer Schüssel.

Legt nacheinander eine Münze, einen dicken Ast, ein Blatt und einen Stein auf die Wasseroberfläche.

Welche Dinge schwimmen?
Liegt es am Gewicht?

Das Blatt schwimmt. Der Stein geht unter. Aber der dicke Ast wird vom Wasser getragen. Die viel leichtere Münze versinkt.

Ein Schiff ist viel schwerer als eine Münze.
Aber es schwimmt trotzdem. Wie kann das sein?

Ihr braucht:
eine Küchenwaage und ein Stück Alufolie, so groß wie ein Schreibblatt.

1. Legt das Stück Alufolie auf die Waage.
   Es wiegt ungefähr vier Gramm.

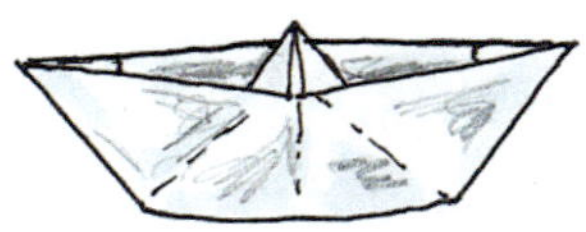

4 Gramm

2. Faltet aus der Folie ein Schiffchen.

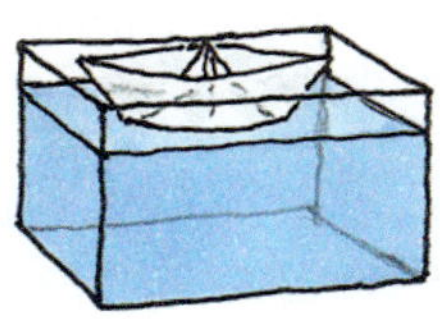

3. Setzt es vorsichtig auf das Wasser.
   Das Schiffchen schwimmt.
4. Nehmt es aus dem Wasser.
   Trocknet es ab und knüllt es fest zusammen.
   So fest, dass keine Luft mehr dazwischen ist.
   Dazu müsst ihr richtig kräftig darauf herumtrampeln.

5. Die Alufolie ist jetzt eine flache Platte.
   Legt sie wieder auf die Waage. Sie wiegt
   immer noch etwa vier Gramm, wie vorher.

6. Und nun legt das platte Alustück ins Wasser.
   Was passiert? Es geht unter.

Das Schiffchen und die Platte sind gleich schwer.
Was aber ist anders?
Vergleicht einmal die Größe:

Das Schiffchen ist viel größer als das platte Stück.
Und deshalb ist im Schiffchen viel Platz für Luft.
Luft ist aber leichter als Wasser.
Wenn du in der Badewanne Bläschen machst,
was passiert? Sie steigen nach oben.

Im dem kleinen Schiffchen ist so viel Luft, dass die Folie
und die Luft zusammen leichter sind als Wasser.
Deshalb schwimmt das Schiffchen.

So ist es auch bei den großen Schiffen:
In den großen, schweren Schiffen ist auch ganz viel Luft.
Und deshalb können sie schwimmen.

Je größer das Gewicht, desto größer muss auch das Volumen sein.

nach Daniela Nase

1. Mache den blauen Versuch zusammen mit einem anderen Kind.
   Ein Kind liest die Anleitung vor. Das andere macht den Versuch.

2. Tauscht beim orangen Versuch die Aufgaben.

Wie kann man übers Wasser laufen, ohne sofort abzusaufen?

So:

Nimm Primelfett und Puddingkraut,
zwei Kilo feinste Fliegenhaut,
drei Liter Gold und Himbeertran,
ein Walfischhaar und einen Zahn
von einer Hummel und tu das
zusammen in ein Silberglas.

Das Ganze lass nun fünf, sechs Wochen
auf klein gestellter Flamme kochen,
wobei man ständig schreien muss.
Sodann gieß alles in den Fluss,
den Bach, den Tümpel oder Teich,
auf dem du gehen willst, und sogleich
trägt dich das Wasser wie ein Brett.

So weit, so gut. Ach ja, ich hätt'
fast ganz vergessen zu betonen,
dass all die Mühen sich kaum lohnen,
wenn man zum Beispiel schwimmen kann.
Du kannst nicht schwimmen? Dann mal ran!

Robert Gernhard

1. Such dir einen Absatz aus.
Übe, ihn gut vorzutragen.

Wasserrad

Was du alles brauchst:

- eine Milchtüte
- ein Messer
- eine Schere
- einen Korken
- zwei Bastelspieße
- zwei Astgabeln

1

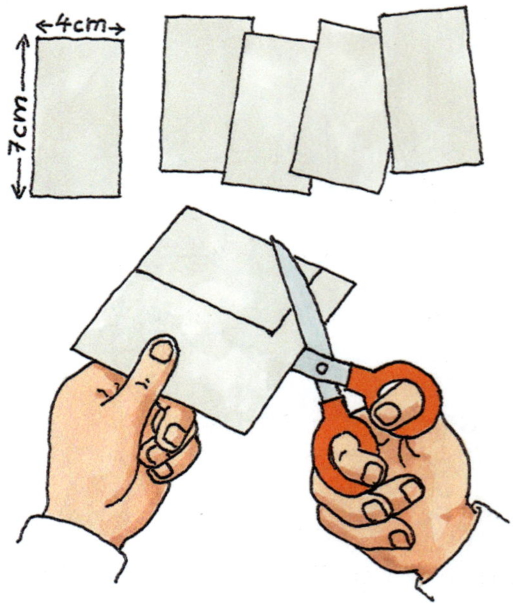

2

3

4

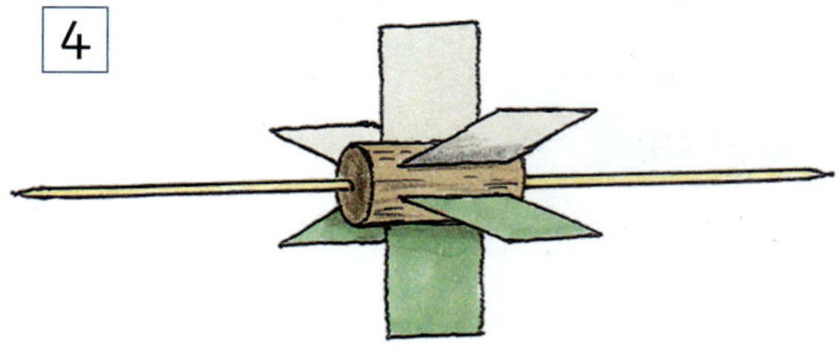

5

(1) Was musst du tun, um eine Wassermühle zu basteln?
Schreibe zu jedem Bild etwas auf.

(2) Bastle eine Wassermühle und probiere sie aus.
Was passiert? Schreibe auf.

Tobi-Tipp: Eine Anleitung schreiben

Schau dir jedes Bild genau an.
Überlege, was das Wichtigste auf jedem Bild ist.
Schreibe zu jedem Bild auf, was man tun muss.
Decke die Bilder ab und lies deinen Text noch einmal.
Hast du alles Wichtige aufgeschrieben?

Unser Wasserverbrauch

Toilette • Zahnbürste
Badewanne/Dusche
Händewaschen • Geschirr
Kochtopf • Socken
Wasserfarben

1 Überlege, wofür du und deine Familie täglich Wasser verbrauchen. Du kannst auch aufschreiben, wie viel Wasser ihr verbraucht.

Dafür gebrauchen wir Wasser	Wassermenge
Glas mit Wasser	

2 Findest du heraus, wie viel Wasser ihr ungefähr verbraucht? Überlege, wo man Wasser sparen kann. Schreibe Ratschläge auf.

Am Meer

1. Schreibe auf, wo die Tiere sind.
   Bilde sechs Sätze: Die Möwe ist über …

2. Bei den Wörtern im Sand fehlen immer doppelte Selbstlaute.
   Schreibe die vollständigen Wörter mit Artikel auf.

Durch das Jahr

1. Welches Bild passt zu welchem Monat?
2. Schreibe kleine Zettel mit den Monatsnamen und lege sie zu den richtigen Bildern.

Mit Anna durch das Jahr

Anna bereitet sich für das nächste Jahr vor.
Sie überlegt, was sie in welchem Monat machen möchte.
Und sie überlegt auch, was alles vorbereitet werden muss.

Januar

Neujahrgrüße an Oma schicken
Im neuen Jahr will ich endlich pfeifen lernen!
6. Januar: Dreikönigstag
Schlittschuhlaufen (wenn das Eis dick genug ist)
Unbedingt Batuhan fragen: Wann ist das Zuckerfest?
Ob ich einmal mitfeiern darf?

Februar

Was werde ich an Fasching?
Vielleicht Hexe?

März

Mein Geburtstag!!!

April

Eier auspusten
Eierfarben einkaufen

Mai

Freibad öffnet!
Pfingsten fahren wir zu
Tante Caroline! Jippie!

Juni

Am 21. ist der längste Tag im Jahr!
Am 27. ist Siebenschläfer: Hoffentlich scheint die Sonne!

Juli

Endlich Ferien!!!

Peter hat Geburtstag! Werde ihn zum Eisessen einladen.

August

Zelten am Meer!

Ausschau nach Sternschnuppen halten!

September

Mit Papa Pflaumenkuchen backen

Apfelernte in Omas Garten

Oktober

Unbedingt abgefallene Blätter sammeln und pressen!

(Dazu brauche ich: dicke Bücher und Löschpapier.)

Zugvögel beobachten

November

Laterne basteln!

(Dafür brauche ich: eine alte Milch- oder Saftpackung, Schere, Buntpapier und dunkelblaue Farbe.)

Dezember

Am 6. ist Nikolaus:

Stiefel putzen nicht vergessen!

Geschenke basteln.

(Wenn ich am 2. Dezember anfange, habe ich 22 Tage Zeit!)

Wunschzettel malen

1 Welche Termine entdeckst du in diesem Kapitel wieder?
Schreibe sie zusammen mit einem anderen Kind auf ein Blatt.

Siebenschläfer

Sieben Wochen lang Regen, Matsch und Gummistiefel? Oder sieben Wochen lang Sonne, Hitze und Sandalen? Wie der Sommer wird, verrät angeblich der 27. Juni. Dieser Tag wird Siebenschläfer genannt. Wenn es an diesem Tag regnet, bleibt das Wetter angeblich sieben Wochen lang schlecht. Scheint die Sonne, wird es schön. Diese Regel haben früher einmal Landwirte aufgestellt und Sprüche dazu erfunden. Experten sagen: Die Regel zum Siebenschläfer stimmte in einigen Gegenden zwar schon oft, aber man kann sich nicht darauf verlassen.

Der Tag heißt nach einem kleinen Nagetier, dem Siebenschläfer. Er hält etwa sieben Monate lang Winterschlaf. Am 27. Juni wacht er auf. Regnet es, schläft das Tier sieben Wochen weiter. Scheint die Sonne, wird es munter.

Der 27. Juni war früher ein Feiertag in der Kirche und hieß Siebenschläfer. Damit wurde an eine Geschichte von sieben schlafenden Männern erinnert. Sie passierte angeblich vor etwa 1800 Jahren. Damals wurden sieben Männer bedroht und flüchteten in eine Höhle. Sie wurden entdeckt und eingeschlossen. Viele hundert Jahre später wachten die Männer wie durch ein Wunder auf. Sie wurden später als Heilige verehrt.

(1) Woher hat der Tag seinen Namen? Rate mal.

dem Sachtext Informationen entnehmen, richtige und falsche Aussagen unterscheiden

Bauernregeln für alle heiligen Zeiten

Wachsen zu Pfingsten im Garten drei Palmen,
danke Gott und sing ein paar Psalmen.

Triffst du im Advent ein Schaf,
brems dich ein und sei recht brav.

Sitzt die Weihnachtsgans im Schuppen,
lasst sie leben und esst Suppen.

Quiekt ein Schwein zur Weihnachtszeit,
ist Silvester nicht mehr weit.

Kommt ein Nashorn zu Silvester,
bleib ganz ruhig, s'ist deine Schwester.

Schneit es zum Dreikönigsfeste,
kommen ungeladene Gäste.

Gerda Anger-Schmidt

Findest du zu Ostern keine Eier, …
Gibt's im Sommer hitzefrei, …
Fällt im Herbst das Laub, …
Ich freue mich auf Nikolaus, …
Rieselt im Winter der Schnee, …

1 Erfinde weitere Bauernregeln und schreibe sie auf.

Gespräch mit einem Apfel

„Ich ess dich gleich auf.
Willst du noch was sagen, vorher?
Wie? Wovon erzählst du mir?

Als du noch eine weiß blühende Blüte warst,
mit den Tulpen um die Wette strahltest
und sich alle Kinder und Bienen an dir erfreuten?

Als grün, klein und hart du noch warst,
die Kinder sich in deinem Schatten ausruhten
und die Bäuerin auf eine gute Ernte hoffte?

Als rot und saftig du die Vögel anlocktest,
die großen Kinder mit den langen Leitern anmarschiert
kamen und dich zuallererst pflücken wollten?

Als du im dunklen Keller lagst mit hundert anderen,
bis dich die Kinder in die Küche holten und
dich die Bäuerin auf Hochglanz polierte?

Eine schöne Geschichte erzählst du mir da,
schöner, roter Apfel: Die ess ich gleich mit!
Hättest du von einem kleinen gelben Wurm erzählt,
hätt ich dich wohl leben lassen."

Bruno Blume

1 Welcher Textteil gehört zu Frühling, Sommer, Herbst und Winter?

2 Such dir ein anderes Obst aus.
Zum Beispiel eine Frucht,
die aus einem fernen Land kommt.
Was würdest du sie fragen?
Was könnte sie antworten?
Schreibe drei Fragen und Antworten auf.

Text sinnentnehmend lesen und mit eigenen Erfahrungen in Verbindung bringen,
Textteile den Jahreszeiten zuordnen

Rätsel:
Was macht im Winter wie im Sommer Spaß?

Ich kenne was,
das ist ganz kalt,
am Nordpol viele Jahre alt.
Im Winter kannst du darauf tanzen.
Am Fenster wächst es dann wie Pflanzen.
Herrlich ist es auch zum Rutschen.

Im Sommer ist's zum Lutschen.
Es schmeckt nach Himbeer
oder Sahne,
nach Schokolade,
Nuss, Banane …
Du solltest es
nicht braten!
Was ist es?
Kannst du's
raten?

Karlhans Frank

Frankie unsichtbar

Es regnet.
Es regnet schon den ganzen Tag.
Der Regen ist überall
und malt helle Striche in die Luft.
Manche Regentropfen sehen aus,
als würden sie in der Luft stillstehen.
Frankies Mutter steigt aus dem Auto
und geht durch den strömenden Regen
auf das Haus der Oma zu.
Sie duckt sich ein wenig
vor den Regentropfen.
Frankie duckt sich nicht.

Frankie wünscht sich, für eine Weile unsichtbar zu sein.
Er will schauen, was die Leute machen,
wenn er nicht da ist.
Ob sie über ihn reden.
Ob sie lügen und es nicht verstecken können.
Frankie bleibt stehen und schaut hoch in den Himmel.
Der Regen fliegt auf ihn zu. Es ist fast schon unheimlich,
als würde es nur über Frankie regnen.

Seine Mutter klingelt an der Haustür. Oma macht auf,
und ihre Hände flattern vor Aufregung wie zwei Papageien,
die nicht von der Stange fliegen können.
„Schön, dass ihr kommt“, hört Frankie seine Oma sagen,
und dann schaut sie an seiner Mutter vorbei und fragt:
„Und wo ist Frankie?“

Frankie hebt seine Hand und winkt. Seine Mutter dreht sich um. „Eben war er noch da", sagt sie. „Vielleicht ist er zu Lars rübergelaufen", sagt Oma. Frankie winkt jetzt mit beiden Händen und dem Regenschirm. Seine Oma und seine Mutter schauen die Straße rauf und runter, dann gehen sie ins Haus und schließen die Tür hinter sich. Frankie steht im Regen und ist unsichtbar.

Zoran Drvenkar

1. Was wird Frankie jetzt tun? Schreibe eine kleine Geschichte.
2. Wie fändest du es, auf einmal unsichtbar zu sein? Mache eine Liste mit den Dingen, die du tun würdest.

Die Geschichte von Frankie Unsichtbar hat **Zoran Drvenkar** geschrieben.
Er kam mit drei Jahren aus Kroatien nach Berlin.
Heute lebt er auf dem Land, in einer ehemaligen Kornmühle.
Über das Bücherschreiben sagt er:
„Es war das Einzige, was ich wirklich liebte und konnte. Es war und ist ein Traum."
Wenn du willst, kannst du ihm schreiben, zum Beispiel eine Mail unter: *www.drvenkar.de/kontakt/*

Wo die Kälte herkommt

Ganz weit oben in Nordgrönland
sitzt auf einem Eisberg die Kältehummel.
Sie ist zwanzigtausend Kilo schwer
und möchte gerne fliegen.
Ihre Flügel sind aber zu schwach.
Trotzdem lässt sie sie dauernd auf und ab schwirren,
weil sie hofft, es gelinge ihr eines Tages doch noch.
Dadurch bewegt sie die eiskalte Luft so stark,
dass diese bis zu uns kommt.

Den ganzen Winter über übt die Kältehummel,
bis sie im Frühling erschöpft einschläft.
Zum Glück, denn sonst hätten wir keinen Sommer.
Im Sommer schläft die Kältehummel und träumt, sie könne fliegen.

Ein Schläuling, der nicht gerne fror, schickte ihr einmal ein Paket
mit Schlaftabletten. Weil er hoffte, sie schlafe dann auch im Winter.
Aber der Briefträger war ein Eisbär, und der war so neugierig,
dass er das Paket aufmachte und alle Tabletten selber schluckte.

Seither wird in Nordgrönland keine Post mehr ausgetragen.
Denn der Eisbär schläft noch heute. Und weil er der Einzige ist,
der weiß, wo die Kältehummel wohnt, kann niemand sagen,
wie es ihr jetzt geht. Doch solange jedes Jahr Winter wird,
können wir annehmen, dass sie noch lebt.

Jörg Schubiger/Franz Hohler

1. Glaubst du die Geschichte? Wie erklärst du dir, dass es bei uns Frühling, Sommer, Herbst und Winter gibt?

2. Erfinde eine eigene Geschichte. Zum Beispiel: Woher kommt die Sommerhitze? Schreibe dazu eine verrückte Antwort.

Heißer Mai

Es ist sehr heiß,
leise rieselt der Schweiß.

Sogar die Lerche,
sonst schwer zu zügeln,
flattert ganz langsam:
Sie schwitzt unter den Flügeln.

Und auch die Schwalbe
fliegt nur die
Geschwindigkeit der Stunde.

In aller Munde
ist dieses Lied:

Leise rieselt der Schweiß –
und das vor Ende des Mais.

Heinz Erhard

Es war eine Mutter

trad. aus Baden

Wörterliste

A a

der Abend, die Abende
aber
acht
alle, alles
alt
am
an
andere, anders
der Apfel, die Äpfel

der Arm, die Arme
arm
der Ast, die Äste
auch
auf
das Auge, die Augen
das Auto, die Autos

B b

der Bach, die Bäche

der Ball, die Bälle
die Banane, die Bananen
die Bank, die Bänke
der Bauch, die Bäuche
bauen
der Baum, die Bäume
bei
das Bein, die Beine
bekommen
besonders
das Bett, die Betten
das Bild, die Bilder
ich bin
du bist
das Blatt, die Blätter
blau
bleiben
die Blume, die Blumen
der Boden, die Böden
böse
brauchen
brav
die Brille, die Brillen
bringen
das Brot, die Brote
das Buch, die Bücher
die Butter

C c

der Cent, die Cents
der Computer, die Computer

D d

da
dann
du darfst
das
der
dem
den
dick
die
der Dienstag, die Dienstage
dir
der Donnerstag, die Donnerstage
dort

die Dose, die Dosen
der Draht, die Drähte
drei
du
dumm

E e

ein, eine, einem
einmal
eins

das Eis
der Elefant, die Elefanten
er
erzählen
es
der Esel, die Esel
essen

F f

fahren, er fährt
die Fahrkarte, die Fahrkarten
das Fahrrad, die Fahrräder
die Fahrt, die Fahrten
das Fahrzeug, die Fahrzeuge
fallen, er fällt
die Familie, die Familien
fangen, er fängt
feiern
das Fenster, die Fenster
das Fest, die Feste
der Finger, die Finger
der Fisch, die Fische
das Fleisch

fleißig
fliegen
fragen
frech
der Freitag, die Freitage
fressen, er frisst
der Freund, die Freunde
der Frühling
fünf
für
der Fuß, die Füße

G g

ganz
der Geburtstag, die Geburtstage
gehen, er geht
gelb
gemein
gemeinsam
gerade
geradeaus
gern

das Gesicht, die Gesichter
gestern
gesund
er gibt
groß
grün
gut

H h

das Haar, die Haare
haben

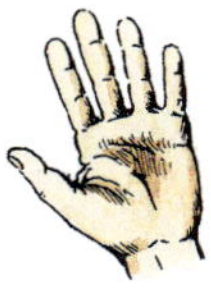

halten, er hält
der Hammer, die Hammer
die Hand, die Hände
hart
der Hase, die Hasen
er hat
das Haus, die Häuser
her
der Herbst
heute
hier
die Höhle, die Höhlen
hören
die Hose, die Hosen
der Hund, die Hunde

I i

ich
der Igel, die Igel

ihm
ihn
ihr
ihrem
im
immer
in
ins
er isst (einen Apfel)
er ist (im Garten)

J j

die Jacke, die Jacken
das Jahr, die Jahre
jede
jedem

jetzt
der Jogurt, die Jogurts
der Junge, die Jungen

K k

kalt
der Kamm, die Kämme
er kann
du kannst
das Karussell, die Karuss

der Käse, die Käse
die Katze, die Katzen
kaufen
das Kind, die Kinder
das Kino, die Kinos
die Klasse, die Klassen
das Kleid, die Kleider
klein
klettern
klingen
klug
kommen
können
der Kopf, die Köpfe
krank
kriegen
der Kuchen, die Kuchen
kurz

L l

lachen
das Land, die Länder
lang
langsam
laufen, er läuft

laut
leer
der Lehrer, die Lehrerin
lernen
lesen, er liest
leuchten
lieben
das Lied, die Lieder
liegen
du liest
links
lustig

M m

machen
ich/er mag
malen

der Mann, die Männer
die Maus, die Mäuse
mehr
mein
mich
die Milch
mir
mit
ich/er möchte
der Morgen, die Morgen
müde
der Mund, die Münder
die Musik, die Musiken
ich/er muss
du musst
die Mutter, die Mütter
die Mütze, die Mützen

N n

nach
die Nacht, die Nächte
die Nase, die Nasen

nass
neben
nein
nett
neu
nicht
nie
noch
der November
die Nummer, die Nummern
nun
nur

O o

oder
oft

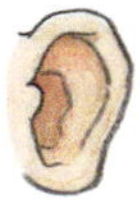

das Ohr, die Ohren
orange

P p

packen
das Paket, die Pakete

die Pause, die Pausen
der Platz, die Plätze
plötzlich
der Popo, die Popos
die Post
der Preis, die Preise
die Puppe, die Puppen
putzen

Qu qu

der Quark
der Quatsch

R r

das Rad, die Räder

rechnen
rechts
der Regen
regnen
reich
rennen
rosa
rot
der Rücken, die Rücken
die Rutsche, die Rutschen

S s

die Sache, die Sachen
sagen, er sagt
der Samstag, die Samstage
der Sand
schauen
schieben
das Schiff, die Schiffe
schlafen, er schläft
das Schloss, die Schlösser
der Schmetterling, die Schmetterlinge
die Schnecke, die Schnecken
schnell
schon
schön
der Schrank, die Schränke
die Schule, die Schulen
der Schwanz, die Schwänze
sehen
sehr
sei (leise)
ihr seid (leise)
sein
seinem
sich
sicher
sie
er sieht
sie sind
singen, er singt
sitzen, er sitzt

so
der Sommer, die Sommer
die Sonne, die Sonnen
die Spagetti, die Spagetti
spät
das Spiel, die Spiele
spielen, er spielt
die Spitze, die Spitzen
der Sport
springen
stark
stehen
der Stein, die Steine
stoppen, stopp
stoßen
die Straße, die Straßen
streicheln
der Stuhl, die Stühle
suchen

T t

die Tafel, die Tafeln
der Tag, die Tage
tanzen
die Tasche, die Taschen
telefonieren
der Teller, die Teller
das Tier, die Tiere
der Tisch, die Tische

tragen
traurig
trinken
tun
turnen

U u

üben
über
übermorgen
die Uhr, die Uhren

und
uns
unter

V v

der Vater, die Väter
viel
viele
vier
der Vogel, die Vögel

voll
vom
von
vor

W w

wach
wachsen, er wächst
der Wagen, die Wagen
die Wand, die Wände
warm
warten
was
das Wasser, die Wässer
weg
weich
weinen
weiß
wenn
wer
werden
die Wiese, die Wiesen

wild
er will
der Wind, die Winde
der Winter, die Winter
wünschen
die Wurst, die Würste

Z z

der Zahn, die Zähne
der Zeh, die Zehen
die Zeitung, die Zeitungen
das Zimmer, die Zimmer
zu
zum
zur
zusammen
zwei

Wichtige Fachbegriffe

Nomen	**Nomen** sind Wörter für Menschen, Tiere, Pflanzen und Dinge. **Nomen** werden großgeschrieben: **Kind**, **Hase**, **Blume**, **Roller**.	Seite 22
Artikel	Die Begleiter von **Nomen** nennt man **Artikel**. Es gibt **bestimmte Artikel**: **der Tisch**, **die Lampe**, **das Buch**. Und es gibt **unbestimmte Artikel**: **ein Tisch**, **eine Lampe.**	Seite 23 Seite 52
Einzahl und **Mehrzahl**	Fast alle **Nomen** gibt es in der **Einzahl** und der **Mehrzahl**. Der Artikel in der **Mehrzahl** heißt immer **die**. Die meisten **Nomen** verändern sich in der **Mehrzahl**: **das Schiff** – **die Schiffe**, **der Zahn** – **die Zähne**, **das Feld** – **die Felder**, **der Baum** – **die Bäume**.	Seite 66
Verben	**Verben** sagen, was man tut oder was geschieht: **laufen**, **essen**, **regnen**. Die **Verben** stehen in Wörterbüchern in der **Grundform**. Viele **Verben** enden in der **Grundform** mit **en**: **rennen**, **malen.**	Seite 38 Seite 39
Wortstamm und **Endung**	**Verben** haben einen **Wortstamm** und eine **Endung**. Die **Endung** der **Verben** verändert sich in Sätzen. Die **Endung** hängt davon ab, wer oder was etwas tut: **ich renne**, **du rennst**, **er rennt**. Der **Wortstamm** bleibt gleich.	Seite 40
Pronomen	**Pronomen** können an der Stelle von Nomen stehen: **ich**, **du**, **er**, **sie**, **es**, **wir**, **ihr**, **sie** sind **Pronomen**. **Mama** liest gerne. **Sie** liest sehr viel.	Seite 53
Wortbausteine	Vor **Verben** kann man **Wortbausteine** setzen, zum Beispiel: **auf-**, **ver-**, **vor-**, **be-**, **ab-** … Wortbausteine verändern die Bedeutung von Wörtern. **schreiben**: **aufschreiben**, **verschreiben**, **vorschreiben**, **beschreiben**, **abschreiben**.	Seite 68
Adjektive	**Adjektive** sagen, wie etwas ist: **Der Ball ist blau**. **Die Schuhe sind neu**. **Adjektive** werden im Satz oft verändert: **der blaue Ball** …, **die neuen Schuhe**. Mit **Adjektiven** kann man **Gegensätze** bilden: **groß** – **klein**. Mit **Adjektiven** kann man vergleichen: **groß** – **größer**.	Seite 80 Seite 81 Seite 82

Aussagesätze	Am **Ende** eines Satzes steht ein **Punkt**. **Satzanfänge** werden **großgeschrieben**. **Aussagesätze** erzählen, was geschieht: **Ela und Alo spielen im Wald.**	Seite 26 Seite 96
Fragesätze	Ein Satz, mit dem man etwas fragt, ist ein **Fragesatz**. Am Ende steht ein Fragezeichen: **?** **Was machen Mama und Papa?**	Seite 97
Ausrufesätze	Ein Satz, mit dem man etwas ausruft oder etwas fordert, ist ein **Ausrufesatz**. Am Ende steht ein Ausrufezeichen: **!** **Kommt schnell! Schaut euch das an!**	Seite 126
Wortfamilien	Alle Wörter mit demselben **Wortstamm** sind miteinander verwandt. Sie gehören zu einer **Wortfamilie**: **die Wohnung**, **das Wohnhaus**, **wohnen**, **unbewohnt**.	Seite 138
Wortfelder	Wörter mit ähnlichen Bedeutungen bilden ein **Wortfeld**: **sehen**, **beobachten**, **anschauen**, **gucken**, **entdecken**.	Seite 112
Selbstlaute und **Mitlaute**	Die Buchstaben **A E I O U** heißen **Selbstlaute**. Sie klingen nur selbst. Alle anderen Buchstaben heißen **Mitlaute**.	Seite 9
Umlaute	**Ä/ä**, **Ö/ö** und **Ü/ü** sind **Umlaute**. Nomen können sich in der Mehrzahl verändern. Aus den Selbstlauten werden bei manchen Nomen **Umlaute**: **der Wald – die Wälder**, **der Kopf – die Köpfe**, **der Zug – die Züge**, **der Baum – die Bäume**.	Seite 54
Zwielaute	**ei**, **au** und **eu** sind **Zwielaute** (Doppellaute). Sie klingen immer lang: die L**ei**ter, das H**au**s, die B**eu**le.	Seite 85

Kapitel	Sprechen	Sprache untersuchen
Intro: **In der Schule**	Gesprächsregeln und Klassenregeln entwickeln und beachten, S. 4/5	
Essen	über ein Bild sprechen und Fragen zum Bild beantworten, S. 6/7	Vokale und Konsonanten kennen lernen und spielerisch damit umgehen, S. 9
Spuk	über ein Bild sprechen, gemeinsam eine Wörtersammlung anlegen, eine Geschichte zu einem Bild erfinden, S. 20/21	Nomen kennen lernen und nach Kategorien ordnen, Großschreibung Nomen beachten, S. 22 bestimmte Artikel kennen lernen und Nomen zuordnen, Silben zu Wörtern zusammensetzen, Wörter aus der Wörterliste suchen, S. 23 zusammengesetzte Nomen erkennen und bilden, S. 24 Nomen erkennen, Großschreibung beachten, S. 25 *Das kann ich schon:* Wiederholung Nomen, zusammengesetzte Nomen
Gesundheit	über ein Bild sprechen und Fragen zum Bild beantworten, über Gefühle sprechen, S. 36/37	Verben in der Grundform kennen lernen, passende Verben zuordnen, Sätze bilden und das Verb markieren, S. 38 Verben: Personalformen kennen lernen, passende Verben zuordnen, S. 39 Verben: Wortstamm und Endung kennen lernen, Verben konjugieren, S. 40 *Das kann ich schon:* Wiederholung Verben (Grundform/ Personalformen), S. 49
Weihnachtszeit	ein Bild genau betrachten, Einzelheiten auf dem Bild erkennen und in Bezug zum Weihnachtsfest und anderen Festen bringen, über eigene Erfahrungen berichten, S. 50/51	bestimmte und unbestimmte Artikel ergänzen, Gebrauch der Artikel erproben, S. 52 Pronomen kennen lernen, Nomen durch Pronomen ersetzen, passende Pronomen der Personalform von Verben zuordnen, S. 53 *Das kann ich schon:* Wiederholung bestimmte/unbestimmte Artikel, Pronomen, Personalformen von Verben, S. 63
Abenteuer	ein Bild betrachten, das Dargestellte in einen Erzählzusammenhang bringen, sich eine Geschichte ausdenken, über die Gefühle des Protagonisten nachdenken, S. 64/65	Nomen: Einzahl und Mehrzahl kennen lernen, Veränderungen in der Mehrzahl erkennen, S. 66 Vorsilben ***be-, vor-, auf-*** bei Verben kennen und zu Verben hinzufügen, S. 68 *Das kann ich schon:* Wiederholung Nomen: Einzahl/Mehrzahl, Vorsilben, S. 77
Familie	ein Bild genau betrachten und interpretieren, eigene Ideen vorstellen und begründen, Geschichten, Ereignisse, Vorgänge und Gefühle szenisch umsetzen, Einsatz von Gestik, Mimik und Stimmführung zur Unterstützung sprachlicher Aussagen, S. 78/79	Adjektive kennen lernen, in Sätzen erkennen, passende Adjektive finden, S. 80 Adjektive: Gegensatzpaare bilden, mit Adjektiven vergleichen, S. 82 Das kann ich schon: Wiederholung Adjektive: Beschreibungen und Gegensatzpaare, S. 93

Richtig schreiben	Lesen	Texte verfassen
Alphabet kennen lernen und spielerisch üben, S. 8 alphabetische Ordnung kennen lernen und Umgang mit der Wörterliste üben, S. 10 Arbeitstechniken nutzen: methodisch sinnvoll abschreiben, S. 11 *Das kann ich schon:* Wiederholung alphabetische Ordnung, S. 19	einem Text Informationen entnehmen, S. 12 ein Rezept verstehen und umsetzen, ein Rätsel lösen, S. 13 textbezogene Fragen beantworten, S. 14/15 ein Gedicht vortragen, S. 16	Wörter sammeln und nach Lauten und Buchstaben ordnen, einen Zungenbrecher verfassen *Tobi-Tipp:* Ideen sammeln mit dem Wörterbuch, S. 17 Arbeitsanleitung ordnen und aufschreiben, *Tobi-Tipp:* Verschiedene Satzanfänge benutzen, S. 18
Satzgrenzen erkennen, Satzpunkte setzen, Großschreibung am Satzanfang beachten, S. 26 Fachbegriff „Endung" kennen, schwer zu hörende Endungen ***-er, -el, -en*** markieren und richtig schreiben, S. 27 *Das kann ich schon:* Wiederholung ***-er, - el, -en***	Dialogteile betont vorlesen, S. 28 Texte sinnentnehmend lesen, Buchtiteln zuordnen und interessenbezogen auswählen, einen Büchertisch gestalten, S. 29 ein Bild zu einer Geschichte malen, S. 30/31 eine Bastelanleitung verstehen und umsetzen, S. 32	Treppenwörter schreiben, S. 33 *Tobi-Tipp:* Eine Einladung schreiben, S. 34
B/b–P/p, G/g–K/k, D/d–T/t unterscheiden und richtig schreiben, S. 41	einem Sachtext Informationen entnehmen und darüber diskutieren, Sprichwörter verstehen und darüber sprechen, S. 42 Witze lesen, verstehen, auswendig lernen und vortragen, S. 43 einen Text sinnentnehmend lesen, Textinhalt auf eigene Erfahrungen übertragen, einen Dialog szenisch spielen, S. 44/45 einen Dialog (Telefongespräch) mit verteilten Rollen lesen, ein Rätsel lösen, S. 46	einen Text nach einer Vorlage (Bild und Schlüsselwörter) schreiben, *Tobi-Tipp:* Zu einem Bild schreiben, S. 47 einen Text zu einer Bildergeschichte schreiben, *Tobi-Tipp:* Zu einer Bildergeschichte schreiben, S. 48
Umlaute in Wörtern finden, fehlende Umlaute einsetzen, S. 54 ***St/st*** und ***Sp/sp*** am Wortanfang: Unterschied zwischen Lautung und Schreibweise kennen, S. 55	Textsorte Steckbrief kennen lernen, S. 56/57 Bilder zu einer Geschichte in die richtige Reihenfolge bringen, S. 58 lebendige Vorstellung beim Lesen und Hören literarischer Texte entwickeln, S. 59 ein Gedicht auswendig lernen und vortragen, S. 60	ein Gedicht auswendig lernen und vortragen, S. 60 *Tobi-Tipp:* Etwas genau beschreiben, S. 61 einen Brief schreiben, S. 62
Wörter mit ***a/ä*** und ***au/äu*** auf die Grundform zurückführen, S. 67 Wörter mit ***V/v*** kennen, auf lautliche Unterschiede achten, richtig schreiben, S. 69 *Das kann ich schon:* Wiederholung Wörter mit V/v, S. 77	lebendige Vorstellung beim Lesen und Hören literarischer Texte entwickeln, S. 70/71 ein Bild zu einer Geschichte malen, eine eigene Fantasiegeschichten entwickeln, S. 72 einem Text Informationen entnehmen, S. 73 einem Text Informationen entnehmen, eine Geschichte weiterentwickeln, S. 74	zu einem Foto einen Tagebucheintrag schreiben, S. 75 eine Reizwortgeschichte schreiben *Tobi-Tipp:* Eine Zettel-zieh-Geschichte schreiben, S. 76
kurze und lange Selbstlaute voneinander unterscheiden, S. 83 doppelte Mitlaute nach kurzem Selbstlaut: Reimwörter bilden, Wörter finden, S. 84 Wörter mit ei, au, eu: Zwielaute kennen lernen, S. 85 Das kann ich schon: Wiederholung Nomen mit doppeltem Mitlaut, S. 93	einen Text mit verteilten Rollen lesen, über den Verlauf von Rede- und Gesprächssituationen sprechen, Erlebnisse erzählen, Textinhalte mit eigenen Erfahrungen verbinden und sich darüber austauschen, S. 86/87 ein Rätsel lösen, einen Text mit verteilten Rollen lesen, Gestik, Mimik und Stimmführung zur Unterstützung sprachlicher Aussagen einsetzen, S. 88 einen Text sinnentnehmend lesen, Textinhalte mit eigenen Erfahrungen verbinden und sich darüber austauschen, S. 89 einem Sachtext Informationen entnehmen, eine Bücherei besuchen, ein Buch vorstellen, S. 90	ein Plakat zu einer Buchvorstellung gestalten *Tobi-Tipp:* Ein Plakat gestalten, S. 91 ein Akrostichon schreiben *Tobi-Tipp:* Ein Akrostichon zu einer Person schreiben, S. 92

Kapitel	Sprechen	Sprache untersuchen
Früher und heute	sich über Sachverhalte verständigen, etwas erklären, Informationen entnehmen bzw. erfragen und weitergeben, S. 94/95	den Fachbegriff Aussagesatz kennen, Satzpunkt setzen können, aus Satzgliedern verschiedene Aussagesätze bilden, S. 96 den Fachbegriff Fragesatz kennen, Fragezeichen setzen können, Aussage- und Fragesätze unterscheiden können, S. 97 *Das kann ich schon:* Wiederholung Aussage- und Fragesätze bilden, S. 107
Tiere	sich über Sachverhalte verständigen, etwas mitteilen oder erklären, Informationen erfragen und weitergeben, S. 108/109	den Fachbegriff Oberbegriff kennen lernen, Oberbegriffe finden, S. 110 Wortarten erkennen, Wörter den Wortarten zuordnen, S. 111 Das kann ich schon: Wiederholung Wortfeld sprechen, S. 121
Riesen und Zwerge	anderen Erlebnisse und Geschichten erzählen, Rollenspiel kennen, eine Rolle gestalten und erproben, sich eine Fantasiegestalt ausdenken, Bilder Buchtiteln zuordnen, S. 122/123	Verkleinerungen mit ***-chen*** und ***-lein***, Einsichten in Prinzipien der Wortbildung gewinnen, S. 124 Ausrufesätze erkennen und bilden, Ausrufezeichen setzen, S. 126 Satzarten erkennen und Satzpunkt, Fragezeichen und Ausrufezeichen setzen, S. 127 *Das kann ich schon:* Wiederholung Verkleinerungen mit ***-chen*** und ***-lein***, Satzarten erkennen, S. 135
Freunde	sich eine Meinung bilden und sie äußern, sich in eine andere Peron hineinversetzen und Gefühle benennen, über Kontakte mit anderen und Konventionen nachdenken, S. 136/137	die Fachbegriffe Wortstamm und Wortfamilie kennen, Wörter zu einer Wortfamilie in Texten finden und markieren, S. 138 Adjektive mit ***-ig*** und ***-lich***, Adjektive und Nomen einer Wortfamilie erkennen, S. 139 *Das kann ich schon:* Wiederholung Wortfamilie fahr, S. 149
Wasser	sich über Sachverhalte verständigen, etwas mitteilen oder erfragen und Informationen weitergeben, Wörter zu einem Wortfeld sammeln, S. 150/151	Lokalpräpositionen kennen, Wo-Fragen stellen und beantworten, S. 152 Aussage-, Frage- und Ausrufesätze unterscheiden können, Punkt, Frage- und Ausrufezeichen setzen, S. 155 *Das kann ich schon:* Wiederholung Lokalpräpositionen
Durch das Jahr	sich über Sachverhalte verständigen, etwas mitteilen oder erfragen und Informationen erfragen und weitergeben, S. 166/167	

Richtig schreiben	Lesen	Texte verfassen
b, d, g am Wortende: Verlängerungsstrategie (Mehrzahl bilden) anwenden, S. 98 ***ck*** und ***tz***: Reimwörter finden, auf Vokallänge achten, kurze und lange Vokale unterscheiden können, S. 99 *Das kann ich schon:* Wiederholung Wörter mit ***ck*** und ***tz***, S. 107	mit sprachlichen Mitteln experimentieren, bewusster Umgang mit Sprache, Kennen grundlegender Voraussetzungen für das Gelingen von Kommunikation, S. 101 einen Text sinnentnehmend lesen, Informationen entnehmen, Textinhalte mit eigenen Erfahrungen verbinden und sich darüber austauschen, S. 102/103 einen Text sinnentnehmend lesen, sich eine Meinung bilden, Textinhalte mit eigenen Ideen verbinden und sich darüber austauschen, S. 104	Informationen über Sachverhalte/Begebenheiten aus dem Leben anderer beschaffen und aufschreiben, ein Interview durchführen *Tobi-Tipp:* Ein Interview durchführen, S. 105 Wörter in einer Tabelle ordnen, Sprichwörter kennen, deren Bedeutung auf einen Sachverhalt aus dem eigenen Lebensbereich übertragen, darüber schreiben, S. 106
Großschreibung von Nomen und Satzanfängen, S. 111 Wörter mit ie kennen und schreiben können, S. 113 Das kann ich schon: Wiederholung Wörter mit ie und i, S. 121	Abzählreime kennen, auswendig lernen und vortragen, S. 114 Reime finden, S. 115 einen Text sinnentnehmend lesen, einem Text Informationen entnehmen und weitergeben, S. 116/117 ein Gedicht/einen Text betont vortragen, die Stimmführung dabei bewusst einsetzen, S. 118	Informationen sammeln und ordnen, einen Steckbrief schreiben *Tobi-Tipp:* Einen Steckbrief schreiben, S. 119 einen Text aus der Perspektive eines anderen schreiben, S. 120
eine Geheimschrift kennen, entschlüsseln und anwenden können, versteckte Wörter finden, Wörter mit verdrehten Buchstaben entziffern, S. 125	Märchen kennen, Texte Bildern zuordnen, Dialogteile sinnbetont vorlesen, S. 128 ein Sprachspiel verstehen, ein Gedicht sinnentnehmend lesen, S. 129 lebendige Vorstellung beim Lesen und Hören literarischer Texte entwickeln, eine Geschichte weitererzählen, S. 130/131 eine Spielanleitung verstehen, S. 132	sich zu einer Geschichte eine Fortsetzung ausdenken, aufschreiben und überarbeiten *Tobi-Tipp:* Eine Geschichte überarbeiten, S. 133 Regeln zum Finden einer passenden Überschrift kennen lernen, Überschriften zu Bildern finden und aufschreiben *Tobi-Tipp:* Eine Überschrift finden, S. 134
Wörter mit ***x, Qu/qu*** kennen und richtig schreiben, S. 140 Teekesselwörter als Wörter mit mehreren Bedeutungen kennen, Wortketten mit zusammengesetzten Nomen bilden, S. 141 *Das kann ich schon:* Wiederholung Wörter mit ***x*** und ***Qu/qu***, S. 149	einen Text mit verteilten Rollen sinnbetont lesen, einen Text als Rollenspiel gestalten können, S. 142 einen Text sinnentnehmend lesen, Informationen entnehmen, Gegensatzpaare und Reimwörter finden, S. 143 einen Text sinnentnehmend lesen, Aussagen zum Text als richtig oder falsch einstufen, einen Dialog vortragen, S. 144/145 einen Text sinnentnehmend lesen, Textinhalte mit eigenen Erfahrungen verbinden und sich darüber austauschen, S. 146	Schreibideen finden und ein Gedicht nach vorgegebenem Muster verfassen *Tobi-Tipp:* Über Gefühle schreiben, S. 147 eine Handlungsanweisung schreiben, S. 148
Wörter mit ***-ß*** kennen und schreiben, S. 153 Wörter mit ***-h*** kennen und schreiben, Wortfamilien, S. 154 Wörter mit ***ch*** kennen und schreiben, S. 156 Wörter mit doppelten Selbstlauten kennen und schreiben, S. 157 *Das kann ich schon:* Wiederholung doppelte Selbstlaute	Sachtexte sinnentnehmend lesen könen, Verstehensprobleme erkennen und lösen, S. 158/159 eine Handlungsanweisung lesen, verstehen und umsetzen, S. 160/161 ein Gedicht vortragen, S. 162	zu Bildern eine Handlungsanweisung schreiben, S. 163 Sachverhalte und Handlungsanweisungen aufschreiben, S. 164

einem nicht-linearen Text Informationen entnehmen, S. 168/169; einem Sachtext Informationen entnehmen, richtige und falsche Aussagen unterscheiden, S. 170; Reime sinnentnehmend lesen, Reime erfinden, S. 171; einen Text sinnentnehmend lesen und mit eigenen Erfahrungen in Verbindung bringen, Textteile den Jahreszeiten zuordnen, S. 172; ein Rätsel lösen, S. 173; lebendige Vorstellung beim Lesen und Hören literarischer Texte entwickeln, eine Geschichte weiterentwickeln, S. 175; einen Fantasietext mit eigenen Erfahrungen in Verbindung bringen, eine Fantasiegeschichte erfinden, 176; ein Gedicht vortragen, S. 177

Inhalt

Tobi

Lese-Sprach-Buch 2

Erarbeitet von Katja Eder
Silke Fokken
Astrid Lorenz
Petra Rahe
und der Cornelsen Redaktion Primarstufe

Die Tobi-Bilder basieren auf Ideen und Geschichten von Wilfried Metze.

Redaktion Gabriela Korup

Bildredaktion Peter Hartmann

Illustration Ina Hattenhauer
Gabriele Heinisch
Sabine Metz
Jens Reinert
Sabine Wiemers
vgl. auch das Verfasser- und Quellenverzeichnis

Umschlagillustration Sabine Metz

Umschlaggestaltung und Layoutkonzept dakato...design_Tonja Heilmeyer, Berlin

Layout und technische Umsetzung Jana Faust, Berlin

Die Querverweise beziehen sich auf Seiten im **Tobi Arbeitsheft 2**:
LA ISBN 978-3-06-082630-8, **VA** ISBN 978-3-06-082715-2, **SAS** ISBN 978-3-06-082717-6.

Bildquellen: 5/1–6 Fotolia.com/Pat on Stock, tarei, Joseph Pena, Jörg Grabucker, Urbanhearts, Natasha Owen, /7 iStockphoto/Freder; 95/1 ullstein bild, /2 akg-images/Bildarchiv Pisarek; 105/1 Aus: HEINKEL: Tourist-Perle-Kabine 1953–1965. Schrader Verlag Stuttgart, /2 akg-images/Voller Ernst Collection, /3 Gabriela Korup, /4 ullstein bild, /5 Hendrike M. Sonntag, Bingen, /6 getty images/Petrified Collection; 123/1 Cinetext/Disney; /2 akg-images

www.cornelsen.de

Alle Drucke dieser Auflage sind inhaltlich unverändert und können im Unterricht nebeneinander verwendet werden.

1. Auflage, 1. Druck 2010

Druck: CS-Druck CornelsenStürtz, Berlin

ISBN 978-3-06-082629-2

Inhalt gedruckt auf säurefreiem Papier aus nachhaltiger Forstwirtschaft.